reinhardt

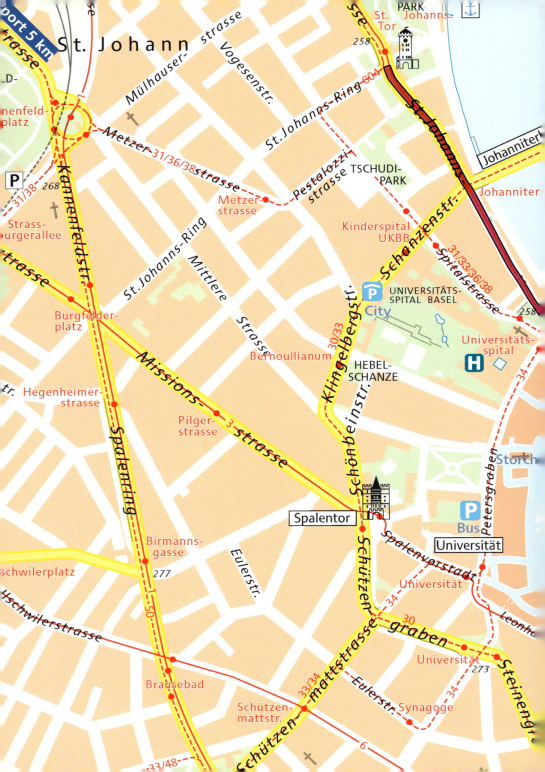

Helen Liebendörfer

Spaziergang zu berühmten Gästen in Basel

Mit Gustaf Adolf Wanner durch die Stadt

Friedrich Reinhardt Verlag

Titelbild: Basilisken-Brunnen an der Augustinergasse

Alle Rechte vorbehalten
© 2011 Friedrich Reinhardt Verlag, Basel
Projektleitung: Claudia Leuppi
Lithos und Druck: Reinhardt Druck, Basel
ISBN 978-3-7245-1704-7

www.reinhardt.ch

Inhalt

Vorwort 9

Gustaf Adolf Wanner zum 100. Geburtstag 10

**Spazierganz zu berühmten Gästen in Basel
mit Gustaf Adolf Wanner** 16

Vom Münsterplatz zum Martinskirchplatz 16

Münsterfassade 16
Heinrich II. (973–1024) 16
Im Innern des Münsters 20
Erasmus von Rotterdam (um 1465–1536) 20
Münsterplatz 24
Johann Heinrich Pestalozzi (1746–1827) 24
Friedrich Nietzsche (1844–1900) 29
Augustinergasse 32
Doktor Faust (um 1480–1541) 33
Martinsgasse 33
Graf Alessandro Cagliostro (1743–1795) 34
Kaiser Franz I. von Österreich (1768–1835) 38
Kaiserin Marie-Louise (1791–1847) 40

Vom Martinskirchplatz zur Schifflände 43

Martinskirchplatz 43
Paracelsus (1493–1541) 43
Rheinsprung 47
Enea Silvio Piccolomini (1405–1464) 48
Schifflände 49
Fjodor Michailowitsch Dostojewski (1821–1881) 50

Von der Schifflände zum St. Johanns-Tor   53

    Blumenrain   53
    Erzherzog Eugen von Habsburg-Lothringen (1863–1954)   54
    Totentanz   56
    Johann Peter Hebel (1760–1826)   56
    St. Johanns-Vorstadt   57
    Johann Wolfgang von Goethe (1749–1832)   58
    Hans Holbein d. J. (1497/98–1543)   60
    Lenin (1870–1924)   62
    König Gustav IV. Adolf von Schweden (1798–1837)   66

Anmerkungen   71

Literaturauswahl   71

Bildnachweis   72

Autorin   73

Vorwort

Dieser Spaziergang ist eine kleine Hommage an Gustaf Adolf Wanner, an dessen 100. Geburtstag der Friedrich Reinhardt Verlag auf diese Weise erinnern möchte.

Im einleitenden Kapitel werden die Verdienste von Gustaf Adolf Wanner gewürdigt. An dieser Stelle danke ich besonders Frau Mascha Wanner-Jasinska sehr herzlich für alle Auskünfte und die Fotos, welche dazu beitragen, einen lebendigen Eindruck der vielen Tätigkeiten von Gustaf Adolf Wanner zu vermitteln.

Der allseits bekannte Historiker und Journalist Gustaf Adolf Wanner hat in vielen Schriften Wesentliches zum tieferen Verständnis der Basler Stadtgeschichte beigetragen, unter anderem auch mit seinem Buch «Berühmte Gäste in Basel», das diesem Spaziergang zugrunde liegt. *Die Texte, welche aus der Feder von Gustaf Adolf Wanner stammen, sind jeweils kursiv gedruckt.* Sie wurden dabei der heute gebräuchlichen Schreibweise angepasst.

Der Spaziergang führt durch einen Teil der Basler Altstadt, vom Münster zum St. Johanns-Tor, und berührt dabei die Spuren berühmter Gäste der vergangenen tausend Jahre, von Kaiser Heinrich II. um das Jahr 1000 n. Chr. bis hin zu Lenin im 20. Jahrhundert. Beim Betrachten der verschiedenen Wohn- und Wirkungsorte entdeckt man zudem einen Teil der Stadt Basel unter einem bestimmten Gesichtspunkt und wirft einen Blick auf einige interessante Basler Häuser und ihre Geschichte, sei es, indem man den Weg mit dem Büchlein in der Hand unter die Füsse nimmt oder indem man anhand der Bilder in Gedanken den Spaziergang nachvollzieht.

Helen Liebendörfer

Gustaf Adolf Wanner zum 100. Geburtstag

Gustaf Adolf Wanner schrieb im Jahr 1976 sein Buch «Zunftkraft und Zunftstolz» zum 100-jährigen Bestehen der Basler Bürgergemeinde – und nun würde er 2011 selbst seinen 100. Geburtstag feiern können. Unvergessen sind seine unzähligen Geburtstagsartikel, die in den «Basler Nachrichten» und der «Basler Zeitung» erschienen und von ihm meisterhaft verfasst, den baslerischen Persönlichkeiten stets aufs Schönste gerecht wurden.

Gustaf Adolf Wanner wurde am 31. Januar 1911 in Beggingen SH geboren. Die Berufung seines Vaters zum Rektor der Freien Evangelischen Schule (heute Freies Gymnasium) erforderte den Umzug der Familie nach Basel. Hier besuchte Gustaf Adolf Wanner das Humanistische Gymnasium, das für ihn die ideale Bildungsstätte darstellte. Danach studierte er an der Universität Basel Geschichte und schloss sein Studium 1938 mit dem Doktorat ab (Prof. Dr. F. Vischer und Prof. Dr. E. Bonjour). Das Thema der Dissertation galt der Geschichte des Dorfes Beggingen. Als Journalist und Redaktor arbeitete er zuerst bis 1944

Gustaf Adolf Wanner (Mitte) präsentiert im Bürgerratssaal sein Buch «Zunftkraft und Zunftstolz».

und wieder von 1963 bis 1976 bei den «Basler Nachrichten». Nach der Fusion schrieb er für die neu benannte «Basler Zeitung» regelmässig viele weitere Beiträge, lange über das Pensionsalter hinaus bis zu seinem Tod am 14. September 1984.

Alle Leserinnen und Leser kannten das Kürzel G.A.W., er wurde damit zum allgemein bekannten und beliebten Stadtchronisten. Ausser seinen Geburtstagsartikeln gehörten auch die Nachrufe für Basler Persönlichkeiten zu seiner Spezialität; zu seinen Aufgaben zählten aber auch die Parlamentsberichte aus dem Grossen Rat, dem Weitern Bürgerrat und der Kirchensynode. Seine Ausdrucksmittel, seine Liebe zur Sprache, seine prägnanten Formulierungen und seine sorgfältigen Erkundigungen machen jeden seiner Artikel zu einem lesenswerten Beitrag, und jeder Artikel, der mit G.A.W. gezeichnet ist, garantiert für Qualität. Gustaf Adolf Wanners profunde Kenntnisse über die Stadt übertrafen das Wissen der meisten gebürtigen und eingesessenen Basler. Besonders reizvoll waren seine Samstagsbeiträge über die alten Basler Häuser und ihre Besitzer. Sie sind eine unerschöpfliche Quelle für alle, die sich mit der Geschichte der Stadt und ihrer Bewohner auseinandersetzen. Über 800 Beiträge erschienen im Laufe der Jahre. Jede einzelne Hausgeschichte verfolgte er über alle Jahrzehnte und Jahrhunderte

G.A.W. mit Bleistift und Papier als aufmerksamer und konzentrierter Zuhörer.

Gustaf Adolf Wanner und Blasius.

hinweg, angefangen mit der ältesten urkundlichen Nachricht bis hin zur Gegenwart. Dabei musste er alles in mühevoller Kleinarbeit aus dem Historischen Grundbuch des Staatsarchivs zusammentragen. Sein ausserordentlich gutes Gedächtnis war ihm dabei besonders hilfreich, merkte er doch bei seinen Forschungen sofort, wenn irgendwo eine historisch bekannte Persönlichkeit auftauchte. Er konnte sie in den Zusammenhang stellen, und damit bekamen seine Hausmonografien Leben. Einige der Artikel wurden nach seinem Tod unter dem Titel «Häuser, Menschen, Schicksale» herausgegeben. Es sind insgesamt drei Bände, welche aber nur einen Teil der vielen Beiträge beinhaltet. Seine Frau Mascha Wanner-Jasinska wählte sie sorgfältig aus; sie brachte für den enormen Arbeitseifer ihres Mannes stets viel Verständnis auf und unterstützte ihn auch tatkräftig bei seiner vielfältigen Arbeit. Neben dieser reich befrachteten journalistischen Tätigkeit, schrieb Gustaf Adolf Wanner verschiedene Biografien, wie zum Beispiel über Christoph Merian (1958), Familiengeschichten, etwa über die Familie Holzach, sowie Firmen- und Jubiläumsschriften. Er veröffentlichte auch Bücher über Basler Sehenswürdigkeiten: «Was Basler Gedenktafeln erzählen» (1964), «Rund um Basels Denkmäler» (1975) und «Berühmte Gäste in Basel» (1982).

Darüber hinaus übernahm Gustaf Adolf Wanner noch verschiedene wichtige ehrenamtliche Verpflichtungen. Er wirkte als Konsul von Dänemark und Schweden (1949–1958) und von 1964 bis zu seinem Tod als Konsul von Finnland. Auch dem Weitern Bürgerrat gehörte er jahrelang an (1965–1981), wobei er ihn während der letzten drei Jahre auch präsidierte.
Als Mitglied der Akademischen Zunft und deren Meister (1969–1980) sowie als Mitglied des Rotary-Clubs Basel wurde er als besonders geschätzter Redner gerne bei vielen verschiedenen Anlässen angefragt, sein profundes Wissen den Zuhörern zu vermitteln. Seine Kenntnisse über die Geschichte der Stadt und ihrer Bewohner waren besonders gefragt, er war aber auch in der Literatur bewandert und vor allem ein grosser Verehrer von Johann Wolfgang von Goethe.

Mit dem Corps consulaire.

Gustaf Adolf Wanner zusammen mit Messedirektor Frédéric Walthard.

Bundesrat Hanspeter Tschudi und Regierungsrat Edmund Wyss zusammen mit Gustaf Adolf Wanner (von links nach rechts).

Gustaf Adolf Wanner durfte auch viele hohe Auszeichnungen entgegennehmen. So wurde ihm von Finnland die Ernennung zum Kommandeur des finnischen Löwen zuteil, von Frankreich die Ernennung zum «Officier dans l'ordre des Palmes académiques» und ebenfalls zum «Chevalier dans l'ordre national du Mérite», und nicht zuletzt wurde ihm auch der Oberrheinische Kulturpreis im Jahr 1977 durch die Johann-Wolfgang-von-Goethe-Stiftung zugesprochen.

Seine Beiträge haben auch Jahrzehnte nach ihrem Erscheinen nichts an ihrer Frische und Qualität eingebüsst. Die Liebe zur Stadt und ihren Bewohnern spricht auch heute noch aus den Zeilen und überträgt sich auf alle Leserinnen und Leser.

Gustaf Adolf Wanner.

Spaziergang zu berühmten Gästen in Basel mit Gustaf Adolf Wanner

Vom Münsterplatz zum Martinskirchplatz

Kein Gast, der in Basel weilt, wird es versäumen, das Münster zu besuchen. Es gilt als Hauptsehenswürdigkeit der Stadt und wirkt zusammen mit dem Münsterplatz, einem der schönsten Plätze im weiten Umkreis, als eindrückliches Ensemble. Der Platz präsentiert sich in seiner Geschlossenheit wie eine Theaterbühne und die herrschaftlichen Häuser der Domherren, die ihn einrahmen, bilden einen perfekten Rahmen für das Münster.

Münsterfassade

Das Gotteshaus des Bischofs von Basel war bis zur Reformation Maria geweiht. Es ist ein romanischer Bau aus dem späten 12. Jahrhundert. Betrachtet man die Fassade, so sind aber nur beim untern Teil des Georgturmes romanische Bauelemente zu entdecken. Nach einem grossen Erdbeben im Jahr 1356, bei welchem die exponierten Teile des Münsters eingestürzt waren, erhielt es beim Wiederaufbau eine Fassade und Türme im gotischen Stil; nur im Innern dominieren die romanischen Bauteile.
Der Reichtum des Figurenschmucks beeindruckt einerseits mit den imposanten Statuen des Ritters Georg und des heiligen Martin. Sie sitzen auf ihren Pferden und kennzeichnen gleichzeitig die beiden Türme. Am Westportal konzentrieren sich in den Bogenläufen viele Rosen und tanzende Engel. Rechts und links vom Eingangsportal stehen je zwei grosse Statuen, die Reste eines figurenreichen Zyklus, welcher beim Erdbeben zerstört wurde. Nur vier Figuren konnten gerettet werden: der Herr der Welt und eine der törichten Jungfrauen sowie gegenüber das Kaiserpaar Kunigunde und Heinrich II. Das Kaiserpaar zählt zu den ersten bedeutenden Gästen der Stadt Basel.

Heinrich II. (973–1024)

Die Figur von Heinrich II. trägt ein kleines Kirchenmodell in der Hand, stiftete er doch im Jahr 1019 in Basel ein neues Münster und weihte es,

Heinrich II.

in Begleitung seiner Gemahlin Kunigunde, persönlich ein. Heinrich II. war während des Mittelalters der hochverehrte Stadtpatron von Basel, das zeigt auch die Tatsache, dass Basel den Beitritt zur Eidgenossenschaft im Jahre 1501 am Heinrichstag beschwor. Man hoffte, damit auf den Segen des Stadtpatrons zählen zu können. Noch heute denkt man an die herrlichen Schenkungen, die Heinrich II. dem Münster zukommen liess, auch wenn sie sich unterdessen teilweise im Ausland befinden, wie zum Beispiel die berühmte goldene Altartafel im Musée de Cluny in Paris.

Heinrichs Schenkungen zugunsten des damaligen, ihm treu ergebenen Bischofs Adalbero, seine Teilnahme an der Münsterweihe im Jahr 1019 und die «Heinrichsgaben» – jene kostbaren Heiltümer und Kirchenzierden, mit denen er das bischöfliche Gotteshaus ausstattete – hielten die Erinnerung an ihn in Basel wach. Ein eigentlicher Heinrichskult in unserer Stadt setzte erst mit dem Jahr 1347 ein, damals als der Bischof Johann Senn gemeinsam mit dem Domkapitel und dem städtischen Rat von den Kanonikern in Bamberg, der Grabstätte Heinrichs und seiner Gemahlin Kunigunde, Reliquien des Herrscherpaares erbat.

In jener Zeit bekundeten alle Kirchen und Klöster das Bedürfnis, möglichst viele Reliquien von Heiligen anzusammeln, denn es förderte das Ansehen und brachte einen grossen Zustrom an Gläubigen und Pilgern mit sich. Der Wunsch des Basler Bischofs und Domkapitels nach Reliquien des Kaiserpaares ging glücklich in Erfüllung. Je ein Partikel von Heinrichs rechter Hand und Kunigundes rechtem Arm trafen in Basel ein und wurden von der Geistlichkeit mit Kreuzen und Kerzen und unter dem Geläute aller Kirchenglocken feierlich zum Münster geleitet. Mit diesen Reliquien stieg Heinrich II. zum himmlischen Schutzherrn der ganzen Diözese auf und trat neben Maria an die Spitze aller in Basel verehrten Heiligen. Jedes Jahr jeweils in der Morgenfrühe des 13. Juli wurde das Heinrichsfest abgehalten mit einer grossen Prozession, an der alle Geistlichen und Schüler des Domstifts teilnahmen. Sie schritten voraus, danach folgten die Reliquien von Heinrich und Kunigunde:

«Mit Blumen geschmückte Kerzenträger der Zünfte und zwei Chorsänger in Chormänteln gingen dem Zelebranten voraus. Dieser umfasste das Heinrichs-Reliquiar mit einem seidenen Tuch, das er um die Schultern geschlagen hatte, während ein Diakon, mit einem gleichen seidenen Tuch angetan, die Kunigunde-Monstranz der schaugierigen Menge vorzeigte. Am Ehrenplatz hinter dem Heiltum schritt, von zwei

Münster Seitenschiff.

Ehrenkaplänen geleitet, der Bischof von Basel. Ehrenleviten und Ratsherren aus der Zunft zum Schlüssel machten den Schluss. In dieser Reihenfolge zog die Prozession vom Chor aus durchs Münster bis zum Martinsturm und wieder zurück in den Chor. Durch die Kanonikertür begab sie sich auf den Kreuzgang und von dort auf den Münsterplatz, den sie, die Domherrenhöfe immer zur Linken, langsam abschritt. Dann kehrte sie durch die Galluspforte ins Münster zurück.»[1]

Im Innern des Münsters

Im Dämmerlicht wirken die dicken Mauern mit den Quadern und die wuchtigen Pfeiler des romanischen Baus in ihren herrlichen Proportionen. Nur das feine, gotische Gewölbe des Mittelschiffs und der obere Teil des lichten Chores zeigen die Zerstörungen durch das Erdbeben. Sie stürzten ein und wurden beim Wiederaufbau im gotischen Stil jener Zeit wieder hergestellt.
Wir begeben uns ins nördliche äussere Seitenschiff (linker Hand Richtung Chor), welches aus vielen Grabkapellen entstand. Die verschiedenen steinernen Grabmäler mit Rittern in ihren Rüstungen und Bischöfen im vollen Ornat lassen mit der exakten Wiedergabe aller Einzelheiten die Zeit des Mittelalters aufleben. Wir wandern langsam Richtung Chor bis zur Grabtafel des berühmten Gelehrten Erasmus von Rotterdam, welche in rötlichem Marmor und mit Goldbuchstaben beschriftet am letzten Pfeiler zu finden ist.

Erasmus von Rotterdam (um 1465–1536)

Erasmus weilte mehrere Male in Basel, liess er doch in der Offizin des Buchdruckers Johannes Froben im Haus «zum Sessel» am Totengässlein viele seiner Werke drucken. Zwischen 1514 und 1516 beschäftigte er sich dort mit einer kritischen Ausgabe des Kirchenvaters Hieronymus, vor allem aber mit dem Erstdruck des Neuen Testamentes im griechischen Urtext, der 1516 herauskam. Danach verliess Erasmus Basel wieder, um zwei Jahre später erneut hierher zu kommen. Während fünf Monaten überwachte er die zweite Ausgabe des Neuen Testamentes und Werke weiterer Kirchenväter.

Bedeutsam wurde dann der dritte Aufenthalt in unserer Stadt, die ihn vom Winteranfang 1521 bis im Sommer 1529 festhielt. «Hier bin ich daheim», erklärte er seinen Freunden, wie es in der ersten umfassenden Darstellung des Lebens von Erasmus heisst, die wir dem Elsäs-

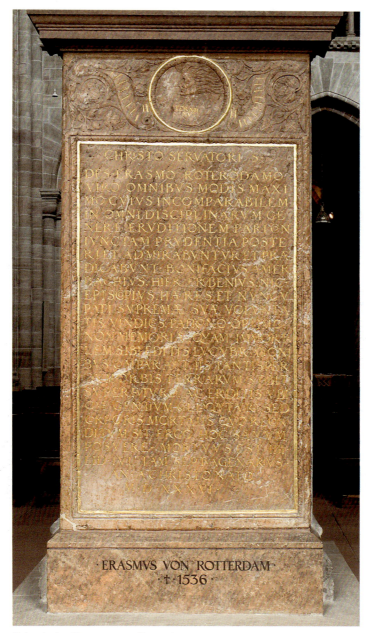

Epitaph des Erasmus von Rotterdam.

ser Beatus Rhenanus, einem seiner getreuesten Schüler und Mitarbeiter im Froben'schen Verlag verdanken. Zunächst nahm er wiederum im «Sessel» Quartier, wo ihm der Rat unmittelbar nach seiner Ankunft gleich einem Fürsten mit einer Weinspende seine Reverenz erwies. Dort verbrachte er zehn Monate, wofür er, finanziell unabhängig geworden, seinem Gastgeber 150 Gulden bezahlte.

Bald konnte Froben für Erasmus die Liegenschaft «zur alten Treu» am Nadelberg erwerben. Er liess für seinen Gast ein Cheminée einrichten, denn der oft kränkelnde Gelehrte ertrug das Ofenfeuer nicht. Froben wollte ihm die neue Wohnstätte zum Geschenk machen, aber Erasmus lehnte ab. Er zog es vor, das Haus zu mieten, denn es war ihm stets ein Anliegen, keinerlei Verpflichtungen eingehen zu müssen.

In der «Alten Treu» verbrachte Erasmus als pater familias inmitten junger Männer, die er als Helfer in seiner vielseitigen Tätigkeit benötigte oder als Pensionäre bei sich aufnahm, wohl die ruhigsten Jahre seines bewegten Lebens, auf dessen Höhe er jetzt angelangt war. «An jedem königlichen Hof hätte er in glanzvoller Stellung leben, er hätte sichs bequem machen und das Dasein geniessen können», schreibt Beatus Rhenanus von ihm; «aber mehr als alle Ehren und Freuden dieser Welt galt ihm der Dienst an der Wissenschaft», dem er sich in Basel, frei von allen äussern Bindungen, hingeben konnte, beglückt durch den starken Aufschwung des geistigen Lebens, der ihn zu unermüdlicher Arbeit antrieb, und durch den heiteren Verkehr mit dem hiesigen Humanistenkreis.

Dieses Arbeiten im anregenden Gespräch mit den Basler Humanisten wurde jedoch durch die Sorge um die Zukunft der Kirche beeinträchtigt. Die turbulenten Jahre vor der Reformation beschäftigten Erasmus sehr. Trotz der von ihm geäusserten Kritik an den Missständen der Kirche nahm er aber weiterhin Partei für den alten Glauben; er wünschte Reformen, aber nicht auf die radikale Art.

Nach dem Durchbruch der Reformation im Jahre 1529 verliess Erasmus Basel und siedelte ins benachbarte Freiburg im Breisgau über. Von dort zog es ihn im Frühjahr 1535 nochmals nach unserer Stadt, in der sich die konfessionellen Streitigkeiten inzwischen gelegt hatten. Nicht zu längerem Aufenthalt gedachte er sich wieder hier niederzulassen; es ging ihm lediglich darum, noch die Vollendung einiger Arbeiten, insbesondere der Ausgabe des «Origenes», in Frobens Druckerei zu überwachen; dann beabsichtigte er auf dem Rhein nach den Niederlanden weiterzureisen.

Unterdessen war sein Freund und Buchdrucker Johannes Froben gestorben. Dessen Sohn Hieronymus Froben bot Erasmus Gastfreundschaft in seinem Haus «zum Luft» an der Bäumleingasse 18 an.

Als Erasmus an der Bäumleingasse einzog, war er ein alternder, von Gicht und Nierensteinen geplagter Mann. Nur der Burgunderwein, schrieb er, vermöge sein Leiden noch zu lindern; in Basel aber sei er sehr teuer, und zudem tränken diebische Fuhrleute alles weg, was davon eingeführt werde.

Trotz sorgfältiger Pflege durch Froben und seine Freunde verschlimmerten sich seine Beschwerden rasch, und hellsichtig, wie er war, fühlte Erasmus das Nahen des Todes. (...) Im Grunde hätte sich Erasmus wohl lieber an einer Stätte des katholischen Glaubens zur Ruhe gelegt. «Obschon ich hier bei den aufrichtigsten Freunden lebe, wie ich sie in Freiburg nicht besass, so würde ich doch wegen des Unterschiedes in der Lehre lieber anderswo mein Leben beschliessen. Wenn doch Brabant etwas näher läge!», seufzte er am 28. Juni 1536 in einem seiner letzten Briefe.

Erinnerungstafel am Haus an der Bäumleingasse 18.

Erasmus von Rotterdam starb in der Nacht vom 11. zum 12. Juli 1536. Obwohl er bis zum Tod treu beim alten Glauben geblieben war, wurde er nun mit allen Ehren im reformierten Münster begraben.
Das Epitaph, in rotem Marmor und mit kalligrafisch wunderschönen vergoldeten Antiqua-Lettern, wurde von seinen Freunden in Auftrag gegeben, vom Rechtsgelehrten Bonifacius Amerbach, vom Drucker Hieronymus Froben und von Nicolaus Bischoff. Der Text würdigt den grossen Gelehrten. Unter anderem heisst es:
Desiderius Erasmus von Rotterdam, dem in jeder Beziehung grossartigen Mann, dessen unvergleichliche Bildung in jeder Art der Wissenschaften, verbunden mit gleichwertiger Klugheit, die Nachwelt bewundern und preisen wird...

Münsterplatz

Wir verlassen nun den stillen Raum wieder, treten erneut auf den Münsterplatz hinaus und lassen die barocken Hausfassaden der ehemaligen Domherrenhäuser auf uns wirken. Nach der Reformation im Jahre 1529 verliessen der Bischof und die Domherren die Stadt Basel. Zuerst vermieteten sie ihre Häuser am Münsterplatz, in der Hoffnung, wieder zurückkehren zu können; nach einigen Jahrzehnten verkauften sie sie schliesslich. Im 18. Jahrhundert erhielten die Bauten ihre barocken Fassaden, wobei besonders die geschnitzten Holztüren beeindrucken, die den Häusern einen vornehmen Anstrich geben.
Wir überqueren den Platz und betrachten das Haus Nr. 16, den «Reischacherhof», in welchem der Ratsschreiber Isaak Iselin im 18. Jahrhundert seinen Wohnsitz hatte. Eine kleine Statue oberhalb des Eingangs soll an ihn erinnern. In diesem Haus empfing Iselin viele bedeutende Persönlichkeiten. Zu den berühmten Gästen zählte auch der Pädagoge, Sozialreformer und Philosoph Pestalozzi.

Johann Heinrich Pestalozzi (1746–1827)

Immer wieder, in hellen und dunklen Stunden seines bewegten Daseins, erschien der grosse Erzieher Johann Heinrich Pestalozzi in Basel. Die Beziehungen, die ihn mit unserer Stadt verknüpften, reichen zurück in die 1770er-Jahre, in welchen er auf dem Birrfeld bei Brugg die Armenerziehungsanstalt «Neuhof» gründete. Für sie wusste er bald auch das Interesse des Basler Ratsschreibers Isaak Iselin zu gewinnen, dessen Bekanntschaft er 1774 an der Zusammenkunft der Helvetischen Gesellschaft in Schinznach gemacht hatte.

Wohnhaus von Isaak Iselin (Rückseite).

Die Armenanstalt «Neuhof» bei welcher sich Pestalozzi auch als landwirtschaftlicher Unternehmer versucht hatte, brach 1780 zusammen. Zu den wenigen, die weiterhin zu ihm hielten, zählte Isaak Iselin.

An ihn wandte sich Pestalozzi in seiner ausweglosen Situation. «In tiefstem Leiden meines Lebens und niedergedrückt von den Schmerzen meiner Lage eilte ich zu ihm, weil ich auf der ganzen Erde niemand kannte, an dessen Seite ich Erholung hoffte wie an der Seite meines Iselins», bezeugte Pestalozzi später. In seiner Erwartung täuschte er sich nicht: Im «Reischacherhof» auf dem Münsterplatz sollte er neuen Lebensmut und neues Selbstvertrauen finden – und zugleich den Weg, der ihn zu Brot, «Hilf und Trost» für Weib und Kind führte. Iselin legte ihm nahe, Schriftsteller zu werden, und Pestalozzi folgte diesem freundschaftlichen Rat.

Ratsschreiber Iselin unterstützte und förderte Pestalozzi in vielen Bereichen und verschaffte ihm immer wieder die Möglichkeit, an verschiedenen Orten seine Ansichten zu publizieren.

Vor allem aber machte er sich auf Iselins Anregung an die Arbeit für sein erstes «Volksbuch», «Lienhard und Gertrud», dessen Manuskript der Ratsschreiber unter grossem Zeitaufwand redigierte. «Das Ding ist mühsamer, als ich glaubte», seufzte er gelegentlich in seinem Tagebuch; aber sein Einsatz lohnte sich: Nachdem zu Ostern 1781 der erste Teil dank den Bemühungen des Freundes im Verlag des aus Basel stammenden Königlich Geheimen Oberhofbuchdruckers Georg Jakob Decker in Berlin erschienen war, wurde Pestalozzi rasch zum berühmten Autor.

Noch ein weiteres Ereignis in Pestalozzis Leben spielte sich in Basel ab. Die Episode war so bekannt, dass sogar die Schüler ein Volkslied sangen mit den Worten:

*Ein edler Mann uns wohl bekannt
Hat einst gelebt im Schweizerland.
Er wandert einmal müd und matt
Zum Kaiser hin gen Baselstadt...*

Die Kinder gedachten mit dieser Strophe der Begegnung mit dem Zaren Alexander von Russland, der beim Durchzug der Alliierten zu Beginn des Jahres 1814 im heute verschwundenen «Segerhof» am

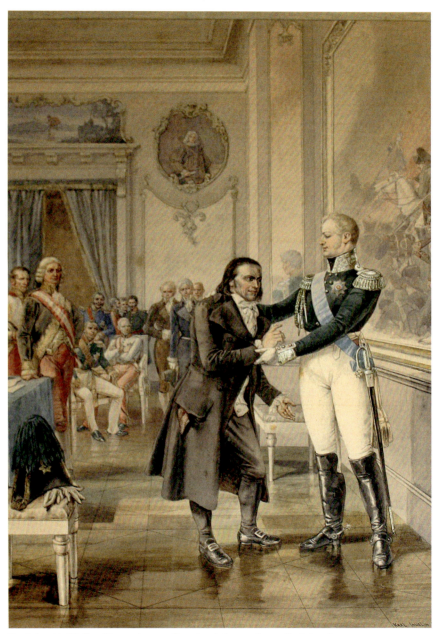
Pestalozzi trifft Zar Alexander von Russland. Aquarell von Karl Jauslin.

Blumenrain (auf dem Areal der heutigen Basler Kantonalbank) abgestiegen war; dort suchte ihn am 16. Januar 1814 Pestalozzi auf. Sein Institut in Yverdon stand damals im Zenit europäischen Ruhmes; aber es war bedroht durch den militärischen Räumungsbefehl der Alliierten, die es in ein Typhusspital umzuwandeln wünschten. Mit zwei Delegierten der Stadtbehörden, die sich wegen der zu befürchtenden Einquartierung ebenfalls höchst besorgt zeigten, reiste Pestalozzi daher nach Basel, um den russischen Kaiser um seine Intervention zu bitten. Seinen Begleitern, die sich zuvor des «ungekämmten Sonderlings» geschämt hatten, verweigerte man den Zutritt zum Zaren; Pestalozzi aber wurde sogleich durch die Menge der Audienzsuchenden geführt und huldreich empfangen. Zweimal hielt ihn der Zar zurück, als er sich entfernen wollte, und zum Abschied küsste ihn Alexander. «Wie ein Narr vor Freuden» kehrte Pestalozzi zurück. Wenige Wochen später erhielt er das Kreuz des Wladimir-Ordens, das ihm ins Grab mitgegeben wurde. Yverdon blieb verschont.

Der kleine Münsterplatz mit dem Pisoni-Brunnen.

Gegenüber vom «Reischacherhof», an der Ecke zum kleinen, baumbestandenen Münsterplatz, sticht ein Gebäude ins Auge, dessen Fassade nicht im barocken Stil gehalten ist, sondern aufs 19. Jahrhundert schliessen lässt: der Münsterplatz Nr. 2 «Zur St. Johanns-Kapelle». Hier stand einst eine Johanneskapelle; man fand vor einiger Zeit in den Mauern des Wohnhauses noch Spuren davon und eine eindrückliche Malerei mit Johannes dem Täufer. Die Kapelle wurde 1842 abgerissen, da sie schon länger nicht mehr kirchlich genutzt war, und an ihrer Stelle erbaute man ein Wohnhaus.
Mitte des 19. Jahrhunderts wohnte hier der berühmte Mutterrechtsforscher Johann Jacob Bachofen. Bei ihm verkehrte als Gast unter andern Gelehrten auch der hochgeschätzte junge Friedrich Nietzsche.

Friedrich Nietzsche (1844–1900)

Einem Meteor gleich war Friedrich Nietzsche in unserer Stadt erschienen, auf die Empfehlung seines Leipziger Lehrers Friedrich Ritschl durch die Universitätsbehörden zum Professor berufen, bevor er noch den Doktorhut erlangt hatte. Als «Abgott der ganzen jungen Philologenwelt» hatte Ritschl dem Präsidenten des Erziehungskollegiums seinen genialen Jünger geschildert: «Er wird... alles können, was er will!»

Basel empfing ihn mit hochgespannten Erwartungen; von seiner Antrittsvorlesung «Über die Persönlichkeit Homers» gingen die tief beeindruckten Hörer, wie berichtet wird, nach Hause mit dem Gefühl, sie hätten hier einen seltenen Vogel gefangen. Als Redner und Mensch strahlte er eine zauberhafte Wirkung aus: «Feurig, elastisch, selbstbewusst, wie ein junger Löwe», so wird er in seiner ersten Basler Zeit geschildert.

1869, im Alter von 25 Jahren, trat Nietzsche das Amt als Professor der klassischen Philologie an der Universität Basel an und unterrichtete gleichzeitig auch als Lehrer der griechischen Sprache die obersten Klassen des Pädagogiums. Er war nicht nur der bewunderte Schwarm vieler junger Damen, sondern auch ein gern gesehener Gast in den Basler Häusern:

In der Basler Gesellschaft fand Friedrich Nietzsche offene Türen. Mit von seinen besten Stunden erlebte er nach einem Wort seiner Schwester im Haus des feingebildeten Ratsherrn Professor Wilhelm Vischer-Bilfinger an der Rittergasse, dem er seine Berufung dankte, und ebenso in der «St. Johanns-Kapelle» auf dem Münsterplatz bei Johann Jacob Bachofen, dem Entdecker des Mutterrechts, und dessen bildschöner jungen Gemahlin, die noch in der geistigen Nacht durch Nietzsches Erinnerungswelt schwebte. Unendlich viel bedeutete ihm vor allem der geistige Austausch mit seinem «verehrungswürdigen Freund» Jacob Burckhardt, «einer jener allerseltensten Ausnahmen» im Niedergang der deutschen Kultur, wie es an einer berühmten Stelle der 1888 entstandenen «Götzen-Dämmerung» heisst: «Ihm zuerst verdankt Basel seinen Vorrang an Humanität.»

Zehn Jahre lang – länger als an irgendeinem andern Ort – lebte Nietzsche in Basel. Er wohnte während dieser Zeit hauptsächlich am Schützengraben 47 in der sogenannten «Baumannshöhle». Das Haus erhielt diesen hübschen Übernamen nach seinem Besitzer Otto Baumann. Das Haus war ein richtiges Gelehrtenheim, denn es wohnten ausschliesslich Professoren zur Miete. Zu einem Mitbewohner, dem Theologen Franz Overbeck, knüpfte Nietzsche bald ein freundschaftliches Band. Sie teilten viele Anschauungen und veröffentlichten sogar gemeinsam eine ihrer kritischen Schriften in einem Doppelband[2]. Während Overbeck schliesslich durch seine Heirat die «Baumannshöhle» verliess, bezog Nietzsche 1877 für ein Jahr zusammen mit seiner Schwester eine Wohnung im Gellertquartier und wechselte danach an die Bachlettenstrasse, bis er 1879 mit seinem Wegzug ins Engadin die Stadt endgültig verliess.

Friedrich Nietzsche ist sein Leben lang mit Basel verbunden geblieben, auch nachdem ihm sein Lehramt zur verhassten Last und das hiesige Klima unerträglich geworden war. Ein von der Basler Staatskanzlei ausgestellter Reisepass diente dem unsteten Wanderer, der schon 1869 seine Entlassung aus dem preussischen Staatsverband anbegehrt hatte, auch nach der Aufgabe der Professur im Jahre 1879 als Schutz und Geleitbrief auf seinen Fahrten in den Süden, und ein Basler Ruhegehalt, das ihm in generöser Weise bis an sein Ende ausbezahlt wurde, enthob ihn bei seiner Anspruchslosigkeit weithin der Sorgen um seine materielle Existenz. Und als Nietzsche am 3. Januar 1889 in Turin körperlich und geistig zusammenbrach, wurde ihm von Basel aus die erste helfende Hand gereicht: Franz Overbeck war es, der sich seiner anbrechenden Nacht des Geistes annahm, der Freund und einstige Wandnachbar aus der «Baumannshöhle» …

Der Eingang zum Wohnhaus von J. J. Bachofen, Münsterplatz 2, in welchem Nietzsche oft zu Gast war.

Augustinergasse und Basilisken-Brunnen, rechte Strassenseite das «Obere Kollegium», früher die Augustinerklostergebäude mit dem hohen Chor der ehemaligen Kirche, Aquarell von J.J. Schneider um 1834.

Augustinergasse

Unser Weg führt nun in die Augustinergasse. Auf der Seite gegen den Rhein hin geben die Häuser der Strasse einen wunderbar einheitlich anmutenden Schwung, linker Hand hingegen sticht ein mächtiger Gebäudekomplex ins Auge. Über dessen reich verziertem Portal ist das schlichte Wort «Museum» zu lesen. Hier waren einst die ganzen Sammlungen der Stadt untergebracht; unterdessen sind daraus über 30 Museen entstanden. Der imposante klassizistische Bau mit seinem griechisch anmutenden Fries im obersten Stockwerk stammt vom ausgezeichneten Basler Architekten Melchior Berri aus den Jahren 1844–1849.

Ursprünglich stand hier ein Kloster der Augustiner, deshalb ist auch die Strasse nach ihnen benannt. Nach der Reformation leerten sich die vielen Klöster in Basel und wurden anderweitig genutzt. Im ehemaligen Augustinerkloster hielt man nun Vorlesungen der Universität ab und nannte es «Oberes Collegium», im Gegensatz zum «Unteren Collegium», dem Hauptgebäude der Universität, das etwas weiter abwärts am Rheinsprung zu finden ist. Im grossen Saal des ersten Stocks des «Oberen Collegiums» weilte im 16. Jahrhundert ein sehr illustrer Gast:

Doktor Faust (um 1480–1541)

An der Tatsache, dass Faust, der sich gerne in der Umgebung bedeutender Zeitgenossen aufhielt und den Verkehr zu den gelehrten Kreisen der Humanisten suchte, auf seinen Fahrten auch in Basel auftauchte, kann kein Zweifel bestehen. Als glaubwürdiges Zeugnis für seinen Aufenthalt in unserer Stadt darf der Bericht in den «Tischreden» von Johannes Gast betrachtet werden, der bis zu seinem Tode im Jahr 1532 als Pfarrer zu St. Martin wirkte. Er lautet in deutscher Übersetzung wie folgt: «Als ich zu Basel mit Faust im Oberen Collegium speiste, gab er dem Koch Vögel verschiedener Art, von denen ich nicht wusste, wo er sie gekauft oder wer sie ihm gegeben hatte. Und zwar waren es Vögel, wie ich keine in unserer Gegend gesehen habe. Er hatte einen Hund und ein Pferd bei sich, die, wie ich glaube, Teufel waren, da sie alles verrichten konnten. Einige sagten mir, der Hund habe zuweilen die Gestalt eines Dieners angenommen und ihm Speise gebracht.»

Diese Aufzeichnung von Johannes Gast ist eines der ältesten Zeugnisse für das Auftreten des historischen Faust und besitzt besondern Wert dadurch, dass wir hier zum ersten Mal in der Faust-Tradition dem Zauberhund begegnen. Pfarrer Johannes Gast haben wir auch die erste Nachricht vom unheimlichen Tod des Doktor Faust zu verdanken, denn er schreibt:

«Der Elende endete auf schreckliche Weise, denn der Teufel erwürgte ihn; seine Leiche lag auf der Bahre immer auf dem Gesicht, obgleich man sie fünfmal umdrehte.»

Martinsgasse

Bleiben wir noch etwas bei schillernden Figuren. Wir wenden uns an der Ecke des Museums nach links und spazieren in die schmale Martinsgasse, welche mit vielen heimeligen, aber auch imposanten Häusern aufwarten kann.
An der Biegung beeindruckt ein stattliches, gotisches Haus, der «Bärenfelserhof», aus der Zeit um 1500, während rechter Hand nach

einigen weiteren Schritten ein eindrücklicher Barockbau ins Auge sticht: das «Weisse Haus». Zusammen mit dem «Blauen Haus» wurden die prachtvollen Häuser vom berühmten Basler Architekten Samuel Werenfels in den Jahren 1762–1768 erstellt für die Gebrüder und Seidenbandfabrikanten Lukas und Jakob Sarasin. Die beiden Häuser zählen zu den grossartigsten Bauwerken der Barockzeit in Basel. Beim schlichten Portal des «Weissen Hauses» können wir einen Blick in den Ehrenhof werfen und uns dabei die Geschichte der schillernden Persönlichkeit vorstellen, die hier 1781 in der Kutsche vorfuhr und bis 1788 immer wieder einige Wochen als Gast in diesem vornehmen Hause zubrachte. Gemeint ist der berühmte Wunderheiler Giuseppe Balsamo, besser bekannt unter dem Namen:

Graf Alessandro Cagliostro (1743–1795)

Der geistesgeschichtliche Prozess der Aufklärung löste im 18. Jahrhundert als Reaktion gegen den Sturz der hergebrachten Weltanschauungen und die Inthronisation der Vernunft eine Welle des Mystizismus und Spiritualismus aus, von der damals die weitesten Kreise der oberen Schichten Europas erfasst wurden. Auf dem brüchig gewordenen Boden von Gesellschaft und Religion fanden Männer und Frauen, welche sich der Spekulation über die dem menschlichen Verstand unzugängliche Welt des Übersinnlichen hingaben und deren Mächte beschworen, das besondere Interesse der Aristokratie, und manche dieser Spiritualisten, Hellseher und Magier zogen aus dem Aberglauben ihrer Bewunderer reichen Nutzen für ihre eigenen Zwecke. Einer der merkwürdigsten Abenteurer, der die Kunst der Scharlatanerie in höchstem Grad beherrschte, war der Sizilianer Giuseppe Balsamo, der sich selbst als Graf Alessandro Cagliostro bezeichnete.

Im «Weissen Haus» lebte damals die Familie des Jakob Sarasin. Seine Gattin litt leider während Jahren an einer Krankheit mit schweren krampfartigen Anfällen und Fieber. Die Basler Ärzte standen den Beschwerden ratlos gegenüber. Aber der Schweizer Philosoph und Schriftsteller Lavater berichtete Jakob Sarasin vom Wunderheiler Cagliostro.

Literatenzimmer des Weissen Hauses, in welchem Cagliostro ein und aus ging.

Tief beeindruckt durch die Wunderkuren, die ihm Lavater schilderte, entschloss sich Sarasin, bei Cagliostro Zuflucht zu suchen und ihm seine Frau zur Behandlung anzuvertrauen. Wenige Wochen nach der ersten Konsultation reiste Gertrud Sarasin nach Strassburg, wo sie nahezu zwei Jahre in der Obhut Cagliostros verblieb; während der meisten Zeit hielt sich auch ihr Gatte in dessen Umgebung auf und wurde von ihm in die Geheimnisse seiner pharmazeutischen Kunst eingeführt.

Die suggestive Macht Cagliostros verfehlte auch in diesem Fall ihre Wirkung nicht: Die Gattin des Bandfabrikanten fühlte sich bald leichter und besser und erlangte schliesslich ihre Gesundheit völlig zurück, was das Ehepaar mit grosser Dankbarkeit gegen seinen Wohltäter erfüllte. In seinem Glauben an die Wunderkraft des Grafen liess sich Jakob Sarasin bis in die letzten Jahre seines Lebens nicht erschüttern.

Die Erinnerungen an den Besuch des Grafen sind bis heute lebendig geblieben, vor allem durch seine «Ägyptische Loge», der sich bald auch Jakob Sarasin anschloss. Als Cagliostro nach der wundersamen Heilung beim Bandfabrikanten zu Gast im «Weissen Haus» weilte und in die hiesigen Gesellschaftskreise eingeführt wurde, stellte ihm ein Freund Sarasins einen zierlichen Rokokobau an der Baslerstrasse in Riehen als Versammlungsort für diese «Ägyptische Loge» zur Verfügung. Dieses Gartenkabinett, als chinesischer Pavillon entworfen und mit vielen Glöckchen am Dach versehen, ist heute noch als «Glöcklihof» bekannt und zu sehen. Die Glöckchen allerdings sind unterdessen verschwunden.

Das Gartenkabinett wurde nach den Anweisungen Cagliostros als Tempel eingerichtet, in dem sich die Gläubigen zu wahrer Menschenwürde erheben sollten. Später wurden die Sitzungen der Loge in einen fantastisch ausgeschmückten Raum des «Weissen Hauses» verlegt, wo Cagliostro fortan bei seinen hiesigen Aufenthalten seine geheimnisvollen Zeremonien zelebrierte.

Cagliostros Leben verlief weiterhin turbulent. Es endete schliesslich in Rom, wo er sich 1789 niederliess, aber wegen seiner freimaurerischen Tätigkeiten verhaftet, in der Engelsburg gefangen gesetzt und zum Tode verurteilt wurde. Der Papst wandelte das Todesurteil von Cagliostro schliesslich gnädig in eine lebenslängliche Haft um.

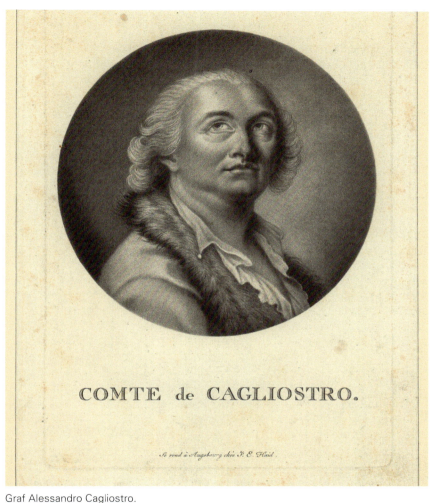

Graf Alessandro Cagliostro.

Als gebrochener Mann starb er am 26. August 1795 in San Urbino. Die Bitte des Conte d'Estillac, eines Anhängers von Cagliostro, ihm Mittel zu seiner Befreiung zukommen zu lassen, hatte Jakob Sarasin abgewiesen, nachdem seine Gattin am 16. Januar 1791 verschieden war. Der Schmerz über ihren Tod verdränge alle Gedanken, schrieb er; er selbst müsse sich wegen seiner Verluste einschränken. Cagliostro möge sich mit seiner Philosophie trösten: «Le vrai sage porte le contentement dans son intérieur…»

Kaiser Franz I. von Österreich (1768–1835)

Nach wenigen Schritten, beim reich verzierten schmiedeisernen Gitter des «Blauen Hauses», halten wir wieder an und befassen uns nun mit gekrönten Häuptern. Zur Zeit Napoleons war Peter Vischer-Sarasin Besitzer des Hauses. Während dieser kriegerischen Zeiten weilten verschiedene hochgestellte Persönlichkeiten als Gast im vornehmen Sitz, allen voran der österreichische Kaiser Franz I.

Am 21. Dezember 1813 erlebte Basel das grosse Schauspiel des Einzugs der Alliierten, das der Bevölkerung Generationen hindurch in frischer Erinnerung blieb: Morgens gegen 9 Uhr marschierten rund 70 000 Österreicher über die Rheinbrücke, und gegen Abend sprengten die ersten Kontingente der Kosaken durch das St. Alban-Tor in die Stadt hinein. Den alliierten Truppen folgten in den ersten Tagen des neuen Jahres die drei Monarchen Österreichs, Preussens und Russlands. Kaiser Franz I. fuhr am 12. Januar 1814, kurz nach Mittag, in einem offenen, mit sechs Schimmeln bespannten Gefährt an der Martinsgasse in den Ehrenhof, des zu seinem Wohnsitz bestimmten «Blauen Hauses» ein; hier empfing er am folgenden Tag den im heute verschwundenen «Segerhof» am Blumenrain einquartierten Zar Alexander von Russland und den im «Deutschen Haus» an der Rittergasse untergebrachten König Friedrich Wilhelm III. von Preussen zu jenem «brüderlichen Mahl», von dem die Gedenktafel im zweiten Stock des Hauses kündet.

Die Gattin des Hausherrn hatte alle Hände voll zu tun und *«die ganze Fabrik und alles, was Beine hatte, musste laufen...».* Im Tagebuch des Hausherrn Peter Vischer-Sarasin und im Tagebuch seiner Tochter Anna-Elisabeth wird über das historische Ereignis berichtet. Die Szenen, die geschildert werden, lassen eine für Basel ungewohnte Welt erstehen und für ein Basler Privathaus einmalige Situationen:

Abends um 5 Uhr trafen die Gäste ein. Jedes Mal wenn ein Fürst erschien, gabs einen Trommelwirbel; dann wurde von der Wache der Name ausgerufen. Anna-Elisabeth und ihre Geschwister konnten den Aufzug oben an der Treppe vor dem Speisesaal beobachten: «Erst langte der Kaiser von Russland an; ein paar vornehme Herren gingen hinunter, ihn herauf zu begleiten. Dann ging die doppelte Thüre des Saals auf; Kaiser Franz trat heraus und empfing Alexander mit Complimenten. So war es auch mit dem König Friedrich Wilhelm; dessen beide Söhne – der spätere König Friedrich Wilhelm IV. und der spätere

Kaiser Wilhelm I. – kamen auch, und der Bruder des russischen Kaisers, Grossfürst Constantin, von dessen Hässlichkeit und wildem Charakter man schon so viel erzählt hat…»

Das Menü für die gekrönten Häupter wurde mithilfe des Traiteurs Geymüller zubereitet, des ausgezeichneten Kochs der «Schlüsselzunft». Ausser der Küche des Hauses musste auch noch das Waschhaus als zusätzliche Kochgelegenheit herhalten. Der Kaiser wie auch die andern hohen Gäste äusserten sich sehr zufrieden über den Abend, und im Tagebuch von Peter Vischer heisst es nicht ohne Stolz: *«Ein Gastmahl von 30 höchsten Monarchen nebst ihren Fürsten und anderen solchen Personagen war noch in wenigen Hauptstädten zu sehen.»*

Gedenktafel im zweiten Stock des «Blauen Hauses».

Kaiserin Marie-Louise (1791–1847)

Abgesehen von den drei gekrönten Häuptern empfing die Familie in den folgenden Wochen noch weitere hohe Gäste, darunter die Brüder des russischen Zaren. Und auf Empfehlung ihres Herrn Papa übernachtete Kaiserin Marie-Louise, die junge, unglückliche Gemahlin von Napoleon und Tochter von Kaiser Franz I., ebenfalls im «Blauen Haus». Wenige Monate nach ihrem Vater stieg sie auf ihrem schweren Rückweg von Paris nach Wien im «Blauen Haus» ab, zusammen mit ihrem kleinen dreijährigen Söhnchen, dem König von Rom.

Höchst ungelegen kam dabei dem Ratsherrn das Verlangen, dass er sein eigenes Schlafzimmer einer Dame der Kaiserin abtreten und selbst mit der «Eckstube neben der Kabinettsthüre» vorliebnehmen sollte. «Vous ne refuserez pas cela à l'impératrice», wandte der mit der Galanterie Peter Vischers rechnende Haushofmeister ein; «je sais que vous aimez rendre service aux dames» – und der Ratsherr hatte sich wohl oder übel mit seinem Geschick abzufinden.

Der imposante Einzug der Kaiserin mit über 20 Wagen erfolgte durch das Spalentor. Das Stadtbataillon und zwei kaiserlich-österreichische Regimenter standen zum Empfang bereit. Während sie via Spalenvorstadt den Petersgraben hinunter und danach die Freie Strasse hinauf fuhren, herrschte ein unglaubliches Gedränge, denn alle wollten einen Blick auf die Gemahlin Napoleons werfen. Zur grossen Enttäuschung der neugierigen Menge trug die Kaiserin aber einen grossen Hut, sodass niemand ihr Gesicht sehen konnte. Die seit Kurzem von Napoleon getrennte Gemahlin litt unter ihrem Schicksal, aber sie trug es mit der erwarteten Noblesse und hielt nur hin und wieder ein Tuch vor die Augen.

Sie besichtigte während ihres zweitägigen Basler Aufenthaltes das Thuner Panorama von Marquard Wocher am Sterngässlein[3] und begab sich auch auf eine Ausfahrt zur Eremitage in Arlesheim, damals eine der Hauptsehenswürdigkeiten unserer Gegend. Vor der Weiterreise, die über Schaffhausen nach Konstanz führte, wurde dem Hausherrn des «Blauen Hauses» noch die Ehre zuteil, der Kaiserin seine Gattin und seine Kinder vorzustellen:

«Wir machten früh unsere ‹Toilette›, schreibt die Tochter Anna-Elisabeth; «ich liess mir von Susanne die Haare raufen, um sie oben auf

Im ersten Stock des «Blauen Hauses».

Kaiserin Marie-Louise. Porträt von François Gérard (1770–1837), dem Hofmaler Napoleons I.

dem Kopf à la chinoise zusammenzudrehen, und so warteten wir bis gegen 10 Uhr, da der Hussier kam, uns zu holen. Ungefähr zwei Minuten mochten wir vor der Kaiserin stehen, die sich kurz mit dem Vater über die Kinder und übers Wetter unterhielt – und damit wars getan. Wir zogen wieder ab, wie wir gekommen waren.» (…) Mit einem kaiserlichen Trinkgeld von 500 Livres für die Küche des «Blauen Hauses» nahm die Kaiserin Marie-Louise Abschied. *«Nun ist wieder etwas Geräuschvolles vorbeigegangen, und wir sind froh, dass es nicht länger währte»*, trug Anna-Elisabeth am 4. Mai 1814 in ihr Tagebuch ein.

Vom Martinskirchplatz zur Schifflände

Martinskirchplatz

Unser Spaziergang führt nun zur markant am äussersten Sporn des Münsterhügels gelegenen Martinskirche und dem Martinskirchplatz. Leise plätschert der Brunnen mit dem geharnischten Mann auf dem Sockel, dem sogenannten Sevogelbrunnen[4], und neben der gotischen Martinskirche säumen einige mittelalterliche Häuser den kleinen Platz. Der Basler Reformator Oekolampad war in den Jahren vor der Reformation Prediger an der Martinskirche und wohnte im Haus Nr. 2. Bei ihm übernachtete im Jahr 1527 einige Zeit ein bedeutender Gast, nämlich der höchst umstrittene Arzt Theophrastus Bombastus Aureolus Philippus von Hohenheim, besser bekannt unter dem Namen:

Paracelsus (1493–1541)

Rasch verbreitete sich im Elsass der Ruf des jungen Arztes, der schon manchen Heilungserfolg, unter anderem beim Markgrafen Philipp I. von Baden, errungen hatte. Er drang auch nach Basel, wo der Drucker und Verleger Johannes Froben an einer schmerzhaften Erkrankung im Bereich des rechten Fussknöchels litt. Die Ärzte der Stadt waren ratlos und nahmen bereits eine Amputation des Beins in Aussicht, als Froben, vermutlich auf Empfehlung Johannes Oekolampads, der durch die mit ihm befreundeten Strassburger Reformatoren von Paracelsus gehört haben mochte, diesen im Januar 1527 an sein Krankenlager rief. Dank den Arzneien, die er verordnete, stellte sich überraschend eine vollständige Heilung ein; schon im folgenden Frühjahr war Froben in der Lage, zur Buchmesse nach Frankfurt am Main zu reiten.

Es lag auf der Hand, dass Froben versuchte, diesen ausgezeichneten Arzt in Basel zu halten. Auch der immer wieder kränkelnde Erasmus von Rotterdam, der zu jener Zeit ebenfalls in Basel weilte, setzte sich dafür ein. Aber die medizinische Fakultät versuchte, das Bleiben des Arztes zu verhindern, denn Paracelsus war ein grosser Gegner der traditionellen Medizin und überzeugt davon, dass man sie revolutionieren sollte. Die Mediziner wollten vor allem nicht, dass Paracelsus an der Universität lehrte, was Froben und seine Anhänger jedoch geschickt umgingen, indem sie vorschlugen, ihn als Stadtarzt anzustellen.

Das bedeutete automatisch, dass er auch an der Universität Vorlesungen halten konnte. Froben und seine Anhänger setzten ihr Anliegen durch; Paracelsus wurde als Stadtarzt gewählt und bezog dann eine eigene Unterkunft, vermutlich ein Haus an der Ecke Kohlenberg/Leonhardsstrasse.

Mit dem ganzen feu sacré seines Sendungsbewusstseins stürzte sich Paracelsus in seine Arbeit, glücklich, an der jungen Universität eine Plattform für seine Verkündigung der von ihm angestrebten Reform der Medizin gefunden zu haben. Neben seinem Amt als Stadtarzt und seiner Privatpraxis trug er täglich zwei Stunden theoretische und praktische Heilkunde der inneren Medizin wie der Chirurgie vor, zunächst im Gelehrten Idiom des Latein, bald aber auch in seiner Muttersprache, in die er als genialer Sprachschöpfer die lateinischen Termini des Fachs verdeutschte. Damit, aber auch in seinem ganzen Auftreten, stellte er sich von Anfang an bewusst in Gegensatz zu den konservativen Vertretern der medizinischen Wissenschaft: Statt ihrer Standestracht mit rotem Barett erschien er im Arbeitswams und in Stiefeln vor seinen zahlreichen Zuhörern, die er auch zu Krankenbesuchen mitnahm und auf Exkursionen mit den Heilpflanzen der Natur vertraut machte.

Paracelsus scheute auch nicht davor zurück, mit einem Flugblatt seine neuen Ideen zu veröffentlichen und schwere Kritik an den Zuständen der bestehenden Medizin zu üben, und er nahm kein Blatt vor den Mund, wenn er über die Missstände in der ärztlichen Ausbildung herzog. So meinte er:

«Auf diesem Wege kann man, wenns Gott gefällt, wohl zu blendenden Doktortiteln gelangen, aber niemals ein wahrer Arzt werden... Nicht Titel und Beredsamkeit, nicht materielle Kenntnisse, nicht die Lektüre zahlreicher Bücher... sind die Erfordernisse eines Arztes, sondern die tiefste Kenntnis der Naturdinge und ihre Geheimnisse, welche einzig und allein alles andere aufwiegen.»

Schliesslich wagte er es, in aller Öffentlichkeit ein medizinisches Lehrbuch ins Johannisfeuer zu werfen. Damit war der Konflikt offen ausgebrochen. Die Medizinische Fakultät verbot Paracelsus die Benützung eines Hörsaals der Universität, aber der Rat ermöglichte es seinem Stadtarzt trotzdem. Selbst vor wüsten Beschimpfungen mit einem Pamphlet schreckten die Mediziner nicht zurück, es wurde an die Türe der Martinskirche und weiteren wichtigen Orten angeheftet.

Martinskirchplatz 2, das Wohnhaus von Oekolampad, bei welchem 1527 Paracelsus zu Gast war.

Porträt von Paracelsus.

Der letzte Akt des Basler Dramas endete mit einem Honorarstreit, bei welchem sich Paracelsus ungerecht behandelt fühlte. Erbittert beschimpfte er die Richter, die sich gegen seine Forderungen ausgesprochen hatten. Deshalb musste er mit einer Verhaftung rechnen und flüchtete bei Nacht und Nebel im Januar 1528 aus der Stadt. Zuerst zog er ins nahe Elsass, und nach vielen rastlosen Wanderungen durch Europa starb Paracelsus schliesslich in Salzburg im Alter von nur 48 Jahren.

Rheinsprung

Wir setzen unsern Spaziergang fort, indem wir das kurze Archivgässlein hinuntergehen, immer das gelb gestrichene Gebäude der altehrwürdigen Universität vor Augen, in welcher Paracelsus seine umstrittenen Vorlesungen in Arbeitswams und Stiefeln gekleidet hielt. Wir wenden uns nach links und spazieren einige Meter den Rheinsprung hinunter, bis uns rechter Hand ein Gittertor die Möglichkeit gibt, in den Hof der Universität einzutreten. Sollte es geschlossen sein, so bietet auch die kleine Mauer einen guten Blick auf den Rhein und rechter Hand auf das Universitätsgebäude.

Auf Spuren berühmter Gäste in Basel wären nun viele Professoren aufzuzählen, die in diesem Gebäude ein und aus gingen, denn es ist der Gründungsbau der Universität aus dem Jahr 1460. Er diente über Jahrhunderte allen berühmten Professoren, die in Basel lehrten, als Vorlesungsort. Wir beschränken uns aber auf eine einzige Person, denn ohne sie wäre es nicht zur Gründung der Universität gekommen:

Das Grossbasler Rheinufer mit dem Universitätsgebäude (gelb).

Enea Silvio Piccolomini (1405–1464)

Piccolomini kam 1432 als Begleiter des Kardinals Caprinaca ans grosse Basler Konzil (1431–1448). Diese Kirchenversammlung liess Basel zum Mittelpunkt des christlichen Abendlandes werden. Kardinäle, Erzbischöfe und Bischöfe bevölkerten damals jahrelang die Stadt, einige Monate weilte sogar auch Kaiser Sigismund in Basel.
Enea Silvio Piccolomini wurde 1436 zum Schreiber des Konzils ernannt, und vier Jahre später erhielt er die anspruchsvolle Stelle eines Sekretärs des in Basel gewählten Papstes Felix V. Zudem bleibt Piccolomini auch als bedeutender Schriftsteller und Dichter in Erinnerung, vor allem durch seine Schilderungen der Stadt:

Mit packender Anschaulichkeit gibt er darin seine persönlichen Eindrücke von der Stadt wieder: Er preist die Fruchtbarkeit der Gegend, die Fülle ihrer Weinberge, den Fischreichtum ihres Stroms, die Behaglichkeit der Bürgerhäuser, das fröhliche Treiben auf den schattigen Plätzen der Stadt, insbesondere auf dem Petersplatz, der klassischen Stätte sportlicher Belustigungen. Ihm und seinem für alles Neue aufgeschlossenen Freundeskreis, der sich neben der theologischen Arbeit unbeschwert den Freuden des Daseins hingab, wurde Basel zum Abbild Athens. An seinen Bürgern bewunderte Enea, dass sie mehr zu sein als zu scheinen trachteten.

Piccolomini blieb bis 1442 in Basel – er weilte also insgesamt zehn Jahre hier – dann lockte ihn eine Stellung als Sekretär des deutschen Königs Friedrich III. Seine Karriere setzte sich fort mit der Ernennung zum Bischof von Triest, danach zum Bischof von Siena und gipfelte mit der Ernennung zum Papst im Jahr 1458. Als Pius II. versah er dieses Amt sechs Jahre lang, bis er 1464 verschied.

Enea Silvio Piccolomini blieb Basel dauernd verbunden, auch in der schwierigen Periode, in welcher der Konjunktur der Konzilszeit um die Mitte des 15. Jahrhunderts eine grosse Leere und schwere wirtschaftliche Depression folgte.

Nach zwei Seiten bemühte sich die Stadt, sie zu überwinden: durch die Gründung der Universität und durch die Veranstaltung von Messen. Dem Wunsch nach einer Universität lagen ideelle und materielle Überlegungen zugrunde: Man vermisste in Basel das geistige Leben, dem die Kirchenversammlung einen so bedeutsamen Auftrieb verliehen

Stiftungsbulle der Universität Basel.

hatte; aber man vermisste auch den Zustrom der Fremden, welche der Bürgerschaft Arbeit, Verdienst und Wohlstand gebracht hatten. Ein Glücksfall für Basel war es, dass in dieser Zeit Enea Silvio Piccolomini, der unserer Stadt Freundschaft bewahrt hatte, auf dem Thron Petri sass. Ihm unterbreitete eine Gesandtschaft des Rates auf dem (...) Kongress von Mantua ihr Verlangen nach der Stiftung einer hohen Schule, und am 12. November 1459 stellte er jene Bulle aus, mit welcher die glorreiche Geschichte der Alma Mater Basiliensis ihren Anfang nimmt.

Schifflände

Während wir weiter abwärts schreiten, halten die reizenden Fachwerkhäuschen die Erinnerung an das Mittelalter noch etwas aufrecht. Bei der Mittleren Brücke werden wir aber erbarmungslos in die Gegenwart zurückgeholt. Der Ort hat viele Veränderungen durchgemacht, vor allem seit dem 19. Jahrhundert. Das Rheintor, das hier einst den Zugang zur Brücke markierte, wurde 1839 abgerissen. Nur der Lällekönig, der das Tor zierte und jeder Person, die über die Brücke schritt, die Zunge herausstreckte, verbringt als Kopie noch ein bescheidenes Dasein

in der Ecke des Restaurants. Auch viele Handwerkerhäuser und das Hotel «de la Tête d'Or» (zum goldenen Kopf) wurden zu Beginn des 20. Jahrhunderts abgerissen, um grossen Geschäftsbauten Raum zu geben.
Dieses Hotel «zum goldenen Kopf» beherbergte einen Gast, dem unser nächster Abschnitt gewidmet sein soll. Wir überqueren dazu das Tramgeleise und begeben uns zur Treppe, die zur Schiffsstation hinunterführt, wenden uns um und betrachten die gegenüber liegende Häuserzeile. Hier stand einst das Hotel, in welchem 1867 ein berühmter Schriftsteller auf seiner Hochzeitsreise zusammen mit seiner Gattin Anna Gregorjewna abstieg:

Fjodor Michailowitsch Dostojewski (1821–1881)

Das frisch vermählte Paar suchte eine preisgünstige Unterkunft, die es auf Empfehlung einer Mitreisenden an der Schifflände im Hotel «zum goldenen Kopf» zu finden hoffte. Am folgenden Tag begaben sich die beiden auf einen Spaziergang, um die Basler Sehenswürdigkeiten zu besichtigen. Die Stadt machte keinen besonders guten Eindruck auf sie, denn Frau Anna Gregorjewna schreibt in ihrem Tagebuch von düstern, bedrückenden Strassen. Ihr erster Besuch galt dem Münster.

Anna Gregorjewna fand grossen Gefallen am Innern der Kirche. «Diese Kathedrale», schreibt sie, «entspricht ganz den Bedürfnissen der Protestanten... Die hohen Fenster sind mit bunten Scheiben geschmückt wie bei uns der Altar der Isaak-Kathedrale. Sie sind prachtvoll gearbeitet und nach meiner Ansicht das Schönste in der ganzen Kirche. Einen Altar gibt es nicht, nur einen gänzlich unbedeckten, unverzierten Marmortisch. Mir gefällt diese Schlichtheit; der graue Marmor im Verein mit diesen herrlichen Fenstern bietet ein entzückendes Bild. Die Einfachheit ist verblüffend, entbehrt jedoch nicht der Vornehmheit.»

Nachdem sie sich auf einer Bank des kleinen Münsterplatzes etwas ausgeruht hatten, wollten sie nun die Gemäldesammlung der Stadt besichtigen, welche zu jener Zeit im Museum an der Augustinergasse zu sehen war.

Gemäldesammlung im Museum an der Augustinergasse zur Zeit Dostojewskis.
Man begreift, warum er auf einen Stuhl stieg, um die obere Bildreihe besser betrachten zu können.

Von zwei Gemälden war das Paar aufs Tiefste ergriffen: Anna Gregorjewna fand den «Meeresblick» von Alexandre Calame «ein herrliches Bild, wie ich ein schöneres noch nicht gesehen habe»; Holbeins «Leichnam Christi im Grabe» dagegen versetzte sie geradezu in Schrecken. «Ich gebe zu, dass es naturgetreu ist, kann es jedoch keineswegs ästhetisch finden; in mir erweckte es nur Abscheu und Entsetzen. Auf Fjeda jedoch machte es einen solchen Eindruck, dass er Holbein für einen hervorragenden Künstler und Dichter erklärte ... Er war hingerissen davon, und in dem Wunsch, es näher zu sehen, stieg er auf einen Stuhl, sodass ich in heller Angst war, er werde Strafe zahlen müssen; denn hier muss man fortwährend Strafe zahlen ...» (...) Tatsächlich war Holbeins «Leichnam Christi im Grabe» für den Dichter zum unverlierbaren Erlebnis geworden. Als er im Herbst in Genf mit der Ausarbeitung des Romans «Der Idiot» begann, der 1868 erscheinen sollte, kehrte die Erinnerung an dieses Symbol von Tod und Qual des reinen Menschen immer wieder zurück; sie rief in ihm jene «eigentümliche Unruhe» hervor, die er sich im dritten Teil des Romans von der Seele schrieb, in jenem grossartigen Passus der Vorlesung Ippolits, mit dem dieses Bild in eines der tiefsinnigsten Werke der Weltliteratur eingegangen ist.

Das Hotel «de la Tête d'Or» (Gasthaus zum Kopf) an der Schifflände, in welchem das Ehepaar Dostojewski übernachtete.

Von der Schifflände zum St. Johanns-Tor

Blumenrain

Wenige Schritte weiter treffen wir auf das geschichtsträchtige Hotel «Trois Rois». Hier gälte es nun, sehr viele berühmte Persönlichkeiten aufzuzählen, die in diesem ältesten Hotel der Stadt im Verlaufe der Jahrhunderte abstiegen, Könige, Politiker, Schriftsteller, Musiker und Filmschauspieler[5]. Das Hotel wurde von 1842 bis 1844 neu erbaut nach Plänen des Basler Architekten Amadeus Merian, nur die drei Könige hoch über dem Eingang stammen noch vom älteren Gebäude.

Es gab unter den vielen Gästen eine Persönlichkeit, die nicht nur für einige Ferientage in dieser vornehmen Unterkunft weilte, sondern gleich 15 Jahre lang:

Die drei Könige des Hotel «Trois Rois».

Erzherzog Eugen von Habsburg-Lothringen (1863–1954)

Ein grosser weltgeschichtlicher Bogen spannt sich über sein langes Dasein, zu dessen Beginn noch der Kanonendonner des Krieges von 1866 erdröhnte, während gegen dessen Ende die einstige Monarchie von Österreich-Ungarn unter der Drohung der Russen erzitterte, vor denen der Greis die Flucht aus seinem Ruhesitz Gumpoldskirchen ergreifen musste. So verkörpert sich in seiner Gestalt Glanz und Grösse und zugleich Zerfall und Auflösung der habsburgischen Monarchie.

Erzherzog Eugen – in Basel liebevoll «Erzi» genannt – war von 1919 bis 1934 Gast im Hotel «Drei Könige» und in unserer Stadt, die er nach dem Zusammenbruch der Monarchie als freiwillig gewähltes Exil aufsuchte. Er gehörte bald zum vertrauten Stadtbild: Professoren und Bankiers, aber auch Marktfrauen und Tramführer hatten ihn in ihr Herz geschlossen. Für alle war «Erzi» die hoch verehrte, aber ebenso volkstümliche Persönlichkeit. In seiner adeligen Erscheinung und Eleganz zeigte sich die wirkliche Hoheit und blieb allen, die ihm begegneten, in eindrücklicher Erinnerung.

Der Grund dafür, dass sich der Fürst zum dauernden Aufenthalt in Basel entschloss, lag im Übrigen nicht zuletzt darin, dass er, der grosse Freund fliessender Gewässer, ganz besonders die Aussicht aus seinem Appartement im Hotel «Drei Könige» genoss; während vieler Stunden konnte er von dessen Balkon auf den Strom mit seinem Schiffsverkehr hinausschauen. Fast alle Rheinschlepper kannte er mit Namen; (...) und oft beobachtete er mit dem Fernglas die Schiffe beim Passieren der Mittleren Brücke. Noch bei seinem letzten Basler Besuch sprang der 85-jährige Greis am frühen Morgen aus dem Bett, um sich ein solches Manöver nicht entgehen zu lassen.

Die kulturelle Aufgeschlossenheit Basels bedeutete für Erzherzog Eugen viel. Mit grosser Freude widmete er sich hier seinen historischen Interessen. Täglich erschien er an seinem Arbeitsplatz im Staatsarchiv, wo er, geistig ständig regsam, Materialien zur Geschichte des Deutschritterordens sammelte, dessen Grossmeister er war; aus seiner Feder stammt eine anonym erschienene Studie über die hiesige Deutschordenskapelle an der Rittergasse. Nie fehlte er an den Sitzungen der Historischen und Antiquarischen Gesellschaft; oft erschien er auch zum

Erzherzog Eugen von Habsburg.

zweiten Akt im «Schlüssel», ja selbst zum dritten Akt im «Braunen Mutz». Ebenso gehörte er der Schweizerischen Heraldischen Gesellschaft an, und die Freiwillige Basler Denkmalpflege zählte ihn zu ihren lebhaft interessierten Kontribuenten. Ständiger Gast war der Erzherzog, ein persönlicher Freund Felix Weingartners, in der Oper und in den Sinfoniekonzerten; denn die Musik war eines seiner Lebenselemente und blieb es bis ans Ende seines Daseins.

Totentanz

Nach diesem bis in die heutigen Tage unvergessenen Besuch des Erzherzogs setzen wir unsern Spaziergang fort, indem wir in derselben Richtung den Blumenrain leicht aufwärts steigen. Der Strassenzug ist in den 1930er-Jahren deutlich verbreitert worden, aber die Häuser auf der Seite zum Rhein hin sind glücklicherweise meist noch erhalten, genauso wie der Brunnen mit der spätmittelalterlichen Figur des heiligen Urban. Wir gelangen bald zu einem kleinen baumbestandenen Platz, dem «Totentanz». Der eigentümliche Name erinnert an Wandbilder mit einem berühmten Totentanz, der an die Mauer eines Friedhofs des ehemaligen Dominikanerklosters gemalt war, dessen Kirche den Platz noch immer dominiert. Heute gehört das Gotteshaus der Christkatholischen Kirchgemeinde. Die Friedhofmauer ist verschwunden, denn sie wurde 1805 während einer Nacht- und Nebelaktion von den Anwohnern niedergerissen. Einige Teile des eindrücklichen Totentanzes konnten zum Glück gerettet werden und befinden sich heute im Historischen Museum.

Johann Peter Hebel (1760–1826)

Über der Tür des schmalen Hauses Totentanz Nr. 2 erinnert eine Tafel daran, dass hier in einem bescheidenen Stübchen der in Basel hochverehrte Dichter Johann Peter Hebel zur Welt kam. Als Sohn einfacher Dienstboten führte Hebels Lebensweg von Basel bis nach Karlsruhe, wo er schliesslich zum hohen kirchlichen Amt eines Prälaten aufstieg. Sein Gedicht *«Z'Basel an mim Rhi, jo dört möcht i si»*, das er in Karlsruhe schrieb, kennt und singt (nach einer Melodie von Franz Abt) jedes Basler Kind. Der Wunsch, in Basel zu sein, der daraus spricht, begleitete Hebel sein ganzes Leben lang:

Am 16. Januar 1825, im Jahr vor seinem Tod, hatte Johann Peter Hebel an Gustave Fecht, die Freundin in Weil, geschrieben: «In noch fünf

Jahren bin ich 70. Alsdann bitte ich um meinen Ruhegehalt und komme heim. Ich bin bekanntlich in Basel daheim vor dem Sandehansemer Schwiebbogen das zweite Haus. Selbiges kaufe ich alsdann um ein paar Gulden – aber ich bin kein Burger! – also miethe ich es, und gehe alle Morgen, wie es alten Leuten geziemt, in die Kirchen, in die Betstunden und schreibe fromme Büchlein, Traktätlein, und Nachmittag nach Weil…»

Leider gingen seine Pläne nicht in Erfüllung, denn Hebel verstarb einige Zeit später am 22. September 1826 in Schwetzingen, wo er auch begraben liegt.

St. Johanns-Vorstadt

Während wir den Tramgeleisen entlang in die St. Johanns-Vorstadt spazieren, sehen wir, dass dieser Strassenzug auf der Seite gegen das Rheinufer mit traulichen Handwerkerhäusern bebaut ist, während die andere Strassenseite einige bemerkenswerte, vornehm wirkende Häuser aufweist, an denen hin und wieder Tafeln zu entdecken sind über

Eingang zum Wohnhaus von Christian von Mechel, St. Johanns-Vorstadt 15.

berühmte Bewohner oder Gäste. Aus den Bauten heraus ragt der «Erlacherhof», das mächtige, mehrteilige Haus Nr. 15/17. Der südliche, kleinere Teil ist im gotischen Stil erhalten, der grössere Teil zeigt mit dem klassizistischen Portal den Stil von Louis XVI. Der Kupferstecher und Sammler Christian von Mechel besass im 18. Jahrhundert das kleine Haus Nr. 15, später konnte er auch noch den «Erlacherhof» dazu erwerben. Vorher empfing er im «St. Christoffel» aber einen wichtigen, von allen bewunderten Gast:

Johann Wolfgang von Goethe (1749–1832)

Ein erstes Mal berührte Goethe Basel im Jahr 1775 auf seiner ersten Schweizer Reise. Damals erblickte er unsere Stadt mit den Augen des 26-jährigen Dichters des «Werther», der, im Widerstreit der Gefühle für die schöne Bankierstochter Lili Schönemann, im Land der Freiheit sich selbst zu befreien hoffte, aber auf der Höhe des Gotthards die Rückkehr antrat – «vaterlandwärts, liebwärts». Nochmals kam es in Zürich zu einer Begegnung mit Johann Caspar Lavater; dort aber befiel den Dichter, wie er 46 Jahre später in einem bisher kaum beachteten Schema für die Niederschrift des 19. Buches von «Dichtung und Wahrheit» festhielt, eine «fieberhafte Erneuerung der Neigung zu Lili». Und die Aufzeichnung fährt fort: «Eile über Basel. Von Mecheln.»

Trotz der Eile nahm sich Goethe Zeit zu einem Halt in Basel und übernachtete im Hotel «Drei Könige». Er beschränkte sich auf zwei Besuche: Er beehrte den Ratsschreiber Isaak Iselin und traf beim Kupferstecher Christian von Mechel ein. Isaak Iselin äussert sich recht differenziert über die Begegnung mit Goethe. So meinte er unter anderem:

«Es hat mir viel Freude gemacht, Goethen zu sehen. Ich bewundere das Genie dieses Mannes in höchstem Grade, obwohl ich den Gebrauch gar nicht liebe, den er davon macht (...) Auch ist niemand, der mehr im Stande wäre, Aufmerksamkeit auf sich zu ziehen. Dieses soll uns indessen nicht irre machen», fügt Iselin, baslerischer Charakter und baslerisches Raisonnement deutlich widerspiegelnd, bei: «Wir, denen Gott weniger Kräfte verliehen hat, wollen ruhig auf der Bahn fortgehen, die zum Guten führt. Wir werden da weit sicherer und weit rühmlicher arbeiten, und unsere Glückseligkeit wird dadurch nicht vermindert werden.»

Christian von Mechel, der Besitzer des Hauses «zum St. Christoffel», vor dem wir stehen, war durch einen jahrelangen Aufenthalt in Paris vertraut mit höfischem Gebaren und beurteilt Goethes Auftreten mit andern Augen:

Weniger kritisch lautet der Bericht Christian von Mechels, den Goethe im Sturm für sich einnahm, als er in der Werthertracht, in blauem Frack und gelber Weste, über die Schwelle seines Hauses an der St. Johanns-Vorstadt getreten war. Sicherlich schmeichelte es der Eitelkeit des Stechers, dass der berühmte Dichter bei ihm Einkehr hielt. Noch am Abend seines Besuches liess er seinen Freiburger Freund mit folgenden Worten davon wissen: «Aujourd'hui nous goûtons la satisfaction de posséder chez nous Goethe, l'historien du jeune Werdern; original dans ses écrits, il l'est de caractère, mais d'une manière à devenir extrêmement intéressant.»

Goethe reiste vier Jahre später noch einmal über Basel, diesmal nun als Staatsminister und zusammen mit dem jungen Herzog Carl August. Auch bei diesem Aufenthalt stattete er Christian von Mechel wieder einen Besuch ab. Das geht aus seinen Aufzeichnungen hervor, die allerdings nur kurz aufzählen, welche Besichtigungen und Besuche er zusammen mit dem Herzog in Basel vornahm:

«In Basel Mechel; bei ihm interessante Wiener Portraits pp., Gegend, Bibliothek, Holbeins pp., Antiquitäten, Fabriken pp.» – so lauten die Stichworte (...). Die Gesichtspunkte der Reise hatten sich in den vier Jahren verschoben: Wohl galt das Interesse des Dichters auch diesmal der Landschaft; aber im Mittelpunkt seiner Aufmerksamkeit waren inzwischen die Angelegenheiten des täglichen Lebens, das Schaffen des Menschen in Wirtschaft, Wissenschaft und Kunst getreten. So führte denn der 30-jährige Staatsmann seinen Herrn in die Basler Bandfabriken, vor allem zu Johann Rudolf Burckhardt im «Kirschgarten», der ihn kurz zuvor in Weimar besucht hatte und ihm bei der finanziellen Abwicklung der Reise behilflich war; wohl auch in die Papierfabriken im St. Alban-Tal, deren Produkte Goethe zeitlebens hoch schätzte, und weiter in das Haus «zur Mücke» am Schlüsselberg, das damals mit den Bücherschätzen der Universität auch deren antiquarische Sammlung und die Gemälde Holbeins beherbergte. Ob Isaak Iselin diesmal übergangen wurde, wissen wir nicht; die Einkehr bei Christian von Mechel aber durfte im Basler Reiseprogramm nicht fehlen.

Nach wenigen Schritten entdeckt man auf der andern Strassenseite gegen den Rhein das Haus Nr. 22. Mit einer Tafel wird auf einen wichtigen Besitzer aus dem 16. Jahrhundert hingewiesen. Es ist vermerkt, dass hier einst das Wohnhaus stand von:

Hans Holbein d. J. (1497/98–1543)

Der berühmte Maler, der von 1515 an jahrelang in Basel lebte und wirkte, kaufte schliesslich 1528 hier in der St. Johanns-Vorstadt eine Hofstatt. Er selbst wohnte aber nur noch einige Monate darin, denn bald darauf zog er nach England. Nur seine Familie, die Frau mit den beiden Kindern, die wir von seinem berührenden Bildnis im Kunstmuseum Basel kennen, blieb weiterhin hier wohnen. 1538 weilte Holbein noch einmal für kurze Zeit bei seiner Familie, reiste dann aber wieder nach England zurück.

Das schräg gegenüber vom Brunnen mit der faulen Magd gelegene Restaurant «zur Mägd» an der St. Johann-Vorstadt Nr. 29, das Gesellschaftshaus der Vorstadtbewohner, gab für ihren berühmten Anwohner Holbein zum Abschied ein grosses Bankett. Aber alle Ehrungen vermochten nicht, ihn in Basel zu halten. Holbein kehrte nach England zurück und verstarb dort leider fünf Jahre später während einer Pestepidemie.

In zwei Strassennamen (Holbeinstrasse und Holbeinplatz) ist der Name Holbein in Basel verewigt; ein würdiges Denkmal aber hat der Künstler bis zur Stunde in unserer Stadt nicht erhalten. Als solches kann auch der sogenannte «Holbeinbrunnen» in der Spalenvorstadt nicht angesprochen werden; denn wenn man ihn schon gelegentlich so nennt, so lediglich darum, weil die tanzenden Bauern seines Säulenstocks Hans Holbeins längst verschwundener Fassadenmalerei am Haus «zum Tanz» an der Eisengasse nachgebildet wurden. Das bekannteste öffentliche Erinnerungszeichen ist die Gedenktafel an «Holbeins Hus» in der St. Johanns-Vorstadt.

Holbein bleibt in Basel unvergessen, ein Denkmal hat er sich selbst gesetzt dank der wunderbaren Sammlung seiner Gemälde im Kunstmuseum, die wesentlich zum Ruf der Kunststadt Basel beitragen.

Wir folgen weiter der St. Johanns-Vorstadt bis zum Eckhaus bei der Johanniterbrücke. Der Bau der Johanniterbrücke in den Jahren 1880–1882 – der Name erinnert an die Niederlassung der Johanniter im

Der «Faule Magd»-Brunnen und das Haus Vorstadtgesellschaft «zur Mägd»
(in rotem Sandstein), in welchem das Abschiedsbankett für Holbein abgehalten wurde.

äussern Teil der Vorstadt – brachte verschiedene einschneidende bauliche Veränderungen mit sich. Dazu gehört auch das neu erstellte Eckhaus am Brückenkopf.
Hier weilte viele Jahrhunderte nach Holbein ein Besucher, der die Welt verändern sollte: Wladimir Iljitsch Uljanow, besser bekannt unter seinem Kampfnamen

Lenin (1870–1924)

In seinen eigenen Aufzeichnungen und in der Literatur ist von einem Besuch Lenins in Basel nirgends die Rede. Dass er dennoch einmal in unserer Stadt zu Gast war, hat uns kurz vor seinem Tod der 1974 verstorbene hiesige Arzt Dr. Samuel Krupp berichtet, der sich bis an sein Lebensende eines stupenden Gedächtnisses erfreute. Er präsidierte als junger Medizinstudent einen im Ersten Weltkrieg in Basel bestehenden kleinen Kreis russischer Akademiker, zu dem neben den an unserer Universität immatrikulierten Studierenden gelegentlich noch einige Arbeiter und Kaufleute russischer Herkunft stiessen, durchwegs mittellose Personen, die im ehemaligen «Johanniterheim» an der St. Johanns-Vorstadt ihre Zusammenkünfte abhielten. Im Erdgeschoss befand sich damals die «Casa del Popolo» des Wirtes Pietro Pedroni, die sich inzwischen zum fashionablen Restaurant «Chez Donati» gewandelt hat.

Im Herbst 1916 wurde Samuel Krupp von Lenin schriftlich angefragt, ob er in seinem Kreis einen Vortrag halten könne. Lenin weilte zu jener Zeit in Zürich, sodass eine Reise nach Basel durchaus nahe lag. Die Begeisterung über einen Besuch Lenins hielt sich allerdings in Grenzen. Obwohl die Vereinigung mehrheitlich gegen den Zarismus eingestellt war, teilten die wenigsten die revolutionären Gedanken von Lenin. Der kleine Saal im Obergeschoss des «Johanniterheims» war deshalb nur mit etwa 30 Interessierten besetzt.

Die Erscheinung des damals 46-jährigen Mannes erfüllte seine baslerischen Zuhörer mit Schrecken. Sein Antlitz, über dem sich eine grosse Glatze wölbte, zeigte eine ungesunde Farbe, und aus den tief liegenden Augen blickte der Hunger. (…) Lenin erklärte, er wolle sich zur gegenwärtigen Lage Russlands äussern. Den noch immer tobenden Krieg bezeichnete er als grosse Chance für die Einleitung der Revolution und als einzige Möglichkeit, dem Zarismus den Todesstoss zu versetzen. Russland – so führte er aus – sei in seinen Augen ein

Im Obergeschoss dieses Eckhauses an der St. Johanns-Vorstadt hielt Lenin 1916 einen Vortrag.

grosser Käfig, in dem 100 Millionen Menschen eingesperrt seien; darüber throne der Zar mit den Grossgrundbesitzern. «Wenn ich an die Macht komme», sagte er, «werde ich den Käfig öffnen, die Bevölkerung befreien und den Zaren mit den Grossgrundbesitzern darin einsperren.»

Der Vortrag stiess auf wenig positive Reaktionen, denn man empfand Lenins Haltung als einseitig. Sein stures Beharren auf seinem Standpunkt liess auch eine Diskussion nicht aufkommen, sodass man die Zusammenkunft bald beendete. Einige begleiteten ihn durch die St. Johanns-Vorstadt bis zum Blumenrain und erzählten ihm vom Besuch des Zaren Alexander I. im Jahr 1814, was Lenin aber nicht sonderlich zu interessieren schien. Auch die Erwähnung von Goethes und Napoleons Aufenthalt im Hotel «Drei Könige» nahm er kaum zur Kenntnis. Gegenüber dem Hotel befand sich damals das Restaurant «zur Blume», in dem ein Orchester aufspielte.

Lenin, der in einen alten Mantel gehüllt war und viel zu grosse Galoschen trug, die er ständig verlor, fröstelte; doch die Einladung, sich in dieser Gaststätte zu wärmen, lehnte er kategorisch ab. «Ein bürgerliches Restaurant mit Musik betrete ich nicht», erklärte er; «wenn aber einer von euch einen kleinen Haushalt besitzt und noch Resten vom Nachtessen übrig sind, dann wäre ich glücklich, ihm zu folgen.» «Kommen Sie zu mir», forderte ihn hierauf ein längst verstorbener russischer Emigrant namens Pewser auf; «bei mir werden Sie noch etwas Rindfleisch und Kartoffeln erhalten.» Darüber zeigte sich Lenin erfreut: «Das habe ich schon lange nicht mehr gegessen», antwortete er und nahm die Einladung an. Man ging zurück zur Predigerkirche, wo sich Lenin von den übrigen Begleitern verabschiedete. Dabei klopfte er Samuel Krupp auf die Schulter: «Sie bleiben besser hier; Leute wie Sie können wir in Russland nicht brauchen. Aber von mir werden Sie noch hören!»

Vermutlich verbrachte Lenin die Nacht im Blaukreuzhaus am Petersgraben, wie man sich erzählt, denn dort konnte man besonders preisgünstig unterkommen. Lenin besuchte am nächsten Morgen noch das Museum an der Augustinergasse, um sich das Gemälde von Holbein mit dem «Leichnam Christi» anzusehen, denn das war für ihn einer der Gründe, warum er nach Basel gereist war. Er hatte davon in Dostojewskis Roman «Der Idiot» gelesen. Er soll über eine Stunde vor dem Bild verweilt haben.

Die Begegnung mit Holbeins «Leichnam Christi» war für Lenin wohl der grössere Gewinn als diejenige mit seinen Landsleuten in Basel. Sie hörten nicht mehr von ihm, bis er ein Jahr später die Schweiz verliess und in Russland an das triumphale Ende seiner Laufbahn gelangte.

Lenin.

Unser Spaziergang neigt sich ebenfalls dem Ende zu. Wir gehen noch einige Schritte weiter Richtung St. Johanns-Tor. Die Häuser wirken nun viel weniger vornehm. Aber eingekeilt zwischen zwei Neubauten aus dem 20. Jahrhundert, steht ein bescheidenes Biedermeierhaus mit einer Tafel im ersten Stock, die auf einen bedeutenden Besitzer aufmerksam macht, denn in diesem unscheinbaren Haus St. Johanns-Vorstadt Nr. 72 wohnte kein Geringerer als:

König Gustav IV. Adolf von Schweden (1798–1837)

Hinge nicht die Tafel an der hier abgebildeten Fassade – wer wollte glauben, dass das bescheidene Bürgerhaus an der äussern St. Johanns-Vorstadt (Nr. 72) einst einen König beherbergte? Fischer, Kornmesser, Gastwirte, Fuhrleute, Maler und kleine Kaufleute bewohnten die anspruchslose, in den Quellen seit 1515 feststellbare Liegenschaft, bis sie am 18. Juli 1818 um 12 000 Franken aus dem Besitz der Erben des Handlungs-Commis Gisbert Heinrich Gönner an «Herrn Oberst Gustav Adolf Gustafsson, Bürger allhier» überging.

Nur 18 Jahre lang herrschte König Gustav IV. Adolf von Schweden über sein Reich, dann wurde er in einer unblutigen Revolution gestürzt und musste seine schwedische Heimat verlassen und dem Thron entsagen. Verbittert zog er durch Europa, wiederholt streifte er auf seinen Reisen auch Basel, aber erst als die Festung Hüningen geschleift wurde, fühlte er sich in der Stadt sicher genug und entschloss sich, als Oberst Gustafsson das Basler Bürgerrecht zu erwerben und sich hier niederzulassen.

Mit dem Bürgerrecht erlangte Oberst Gustafsson die Erlaubnis zum Kauf eines eigenen Hauses, und so liess er sich, wie gesagt, im Sommer 1818 zu St. Johann nieder. Recht wohl scheint es ihm in dieser Behausung nicht geworden zu sein; denn am 5. April 1821 richtete er aus Frankfurt am Main einen Brief an Antistes Hieronymus Falkeysen, in dem er sich bitter beklagte, wie sehr er hier geplagt worden sei. Andauernd sei er in seinem Haus «über alle Beschreibung überlaufen» und «von aller Art Menschen ohne Verstand und Anständigkeit» belästigt worden. Zudem hätten «die calvinistischen Kinder in dieser Vorstadt eine Art zu schreien», welche diejenige der deutschen lutherischen und katholischen Kinder weit übertreffe. In der schönen Sommerzeit sei überhaupt keine Ruhe mehr zu erhoffen; denn die Kinder «gehen da von Morgen bis Abend ins Wasser und vergnügen sich unter unauf-

Das bescheidene Wohnhaus von König Gustav Adolf von Schweden an der
St. Johanns-Vorstadt 72. Umbau im Jahr 2011.

hörlichem Lärm, und selbst die Erwachsenen männlichen Geschlechts folgen diesem Beispiel.»

Tatsächlich befand sich am Rheinufer der äussern St. Johanns-Vorstadt, also in nächster Nähe des Hauses von Oberst Gustafsson, ein beliebter und viel besuchter Badeplatz, das sogenannte «Entenloch», dessen Lärm aus der letzten Saison in den Ohren des Briefschreibers noch bis in den April hinein betäubend nachhallte, sodass er sich dazu verstieg, die Badenden mit den Menschen der Sintflut zu vergleichen, von deren wildem Geschrei in der Bibel die Rede sei. Müde von solchen Ärgernissen fährt Oberst Gustafsson fort, habe er einmal Gott den Allmächtigen gebeten, dass niemand in diesem Hause mehr Ruhe geniessen möchte; nachdem er keinen Menschen in Basel gefunden habe, der bereit gewesen wäre, wegen des Kaufs oder der Miete der Liegenschaft mit ihm zu verhandeln, wäre es wohl am besten, die Behausung niederreissen zu lassen!

Diese unerfreuliche Situation versuchte der Münsterpfarrer mit einem persönlichen seelsorgerlichen Gespräch zu entschärfen, obwohl ihm die biblischen Vergleiche und das Flehen zu Gott dem Allmächtigen in dieser Angelegenheit wenig gefiel. Aber die pastoralen Ermahnungen fruchteten wenig, denn Oberst Gustafsson war entschlossen, Basel zu verlassen. Allerdings trug vermutlich noch eine andere Angelegenheit dazu bei, den einstigen König zu erzürnen. Er hatte sich um die Stelle des Zeughausverwalters beworben, war aber abgewiesen worden mit der Begründung, dass Neubürger zehn Jahre lang warten müssten, bis sie ein öffentliches Amt bekleiden könnten. Eine Absage zu erhalten war der ehemalige Herrscher nicht gewohnt, und damit hatte man es mit dem königlichen Mitbürger restlos verscherzt.

Tatsächlich findet sich die pergamentene Bürgerrechtsurkunde Oberst Gustafssons noch heute im Staatsarchiv. Vier Jahre bereits lebte der einstige Schwedenkönig fern von unserer Stadt, als er am 17. Januar 1826 nochmals an den damaligen Amtsbürgermeister gelangte mit dem offiziellen Ersuchen, ihn aus dem Basler Bürgerrecht zu entlassen; dabei gab er der Hoffnung Ausdruck, die «Hochgeachteten Herren» möchten ihm die für die Einbürgerung seinerzeit erlegte Summe von 1500 Franken zurückerstatten. Der Verzicht auf das Basler Bürgerrecht wurde im Rathaus schlankweg akzeptiert, die Bitte um Zurückzahlung der Bürgerrechtsgebühr aber diplomatisch überhört.

St. Johanns-Tor.

Nach der vierjährigen Basler Episode scheint Oberst Gustafsson die Stadt nicht mehr besucht zu haben. Er setzte seine unsteten Reisen durch Europa fort, bis sie in St. Gallen ihren Abschluss fanden. Dort lebte der ehemalige Schwedenkönig noch während drei Jahren still und zurückgezogen, bis er 1837 verschied.

Zum Schluss blicken wir zum vor uns liegenden St. Johanns-Tor, durch welches einige der aufgezählten Gäste in unsere Stadt hinein oder wieder hinaus ritten. Die Eindrücke, die sie mitnahmen, waren unterschiedlich, wie wir auf unserm Spaziergang bemerkt haben. Gleichgültig liess Basel keinen der Besucher. Jeder sammelte seine persönlichen Eindrücke und fühlte sich je nach Charakter mehr oder weniger von den Menschen in Basel angesprochen:

Basel war zu keiner Zeit eine Stadt, in welcher der Personenkult hoch im Schwang war: «Mehr sein als scheinen» – so hat schon Aeneas Silvius Piccolomini zur Zeit des grossen Konzils in der ersten Hälfte des 15. Jahrhunderts die innere Haltung der Basler umschrieben, und bis herab auf die Gegenwart hat diese Maxime ihre Geltung behalten.

Anmerkungen

[1] Aus der Dissertation von Mediävist Carl Pfaff, im 120. Neujahrsblatt von 1942. Gustaf Adolf Wanner Denkmäler S. 1.
[2] Franz Overbeck: «Über die Christlichkeit unserer heutigen Theologie» und Nietzsches «David Strauss».
[3] Heute befindet sich das Wocher-Panorama im Schadaupark in Thun.
[4] Heman Sevogel, Anführer bei der Schlacht von St. Jakob 1444.
[5] Siehe auch Helen Liebendörfer: Spaziergänge zu Malern, Dichtern und Musikern.

Literaturauswahl der wichtigsten Werke von Gustaf Adolf Wanner

Häuser, Menschen, Schicksale, 1985–1988

500 Jahre im Basler Bürgerrecht: «Hagenbach», 1982

Die Holzach, 1982

Berühmte Gäste in Basel, 1981

Die Gesellschaft der Feuerschützen, 1977

Zunftkraft und Zunftstolz, 1976

Rund um Basels Denkmäler, 1975

275 Jahre Basler Familie Paravicini, 1970

Fritz Hoffmann-La Roche, 1968

Was Basler Gedenktafeln erzählen, 1964

Christoph Merian, 1962

Die Chr. Merian'sche Stiftung in Basel, 1886–1958, 1958

Firmen:

Die Basler Handelsgesellschaft AG, 1959

100 Jahre Basler Spengler- und Installateur-Gewerbe, 1970

50 Jahre Baseler Zollfreiläger 1922–1972, 1972

75 Jahre Gempp und Unold 1897–1972, 1972

150 Jahre Helbing und Lichtenhahn, 1972

75 Jahre Lonza AG, 1972

100 Jahre Neutraler Gundeldinger Quartier-Verein 1875–1975, 1975

50 Jahre Rotary-Club Basel 1925–1975, 1975

Spaeter – Carl Spaeter AG – Stahlhandel Basel, 1976

Hundert Jahre Birkhäuser 1879–1979, 1979

50 Jahre Markthalle Basel 1929–1979, 1979

50 Jahre MNG: Mathematisch-Naturwissenschaftliches Gymnasium Basel 1930–1980, 1980

400 Jahre Haas'sche Schriftgiesserei AG Münchenstein, 1980

Das Basler Gewerbe an der Arbeit 1834–1984, 1984

Bildnachweis

Titelbild, S. 21, 35, 47: Lukas Landmann

S. 10, 12, 14 (unten), 15: Peter Armbruster

S. 11: Hoffmann, Nr. 8224/XII

S. 13: Mascha Wanner-Jasinska

S. 14 oben: Foto Dierks

S. 17, 23, 25, 28, 31, 39, 41, 45, 53, 57, 61, 63, 67, 69: Helen Liebendörfer

S. 19: Erik Schmidt

S. 27: Pestalozzi trifft Zar Alexander von Russland. Aquarell von Karl Jauslin, Museen Muttenz, Sammlung Karl Jauslin, Inv.-Nr. 2248

S. 32: Augustinergasse, Aquarell von J. J. Schneider um 1834, Staatsarchiv Basel-Stadt, BILD Schn. 14

S. 37, 42, 46, 55, 65: Universitätsbibliothek Basel, Porträtsammlung

S. 49: Stiftungsbulle der Universität Basel, Staatsarchiv Basel-Stadt, St. Urk. 1658

S. 51: Gemäldesammlung im Museum an der Augustinergasse, Staatsarchiv Basel-Stadt, Hö D 42179 (Fotoarchiv Höflinger)

S. 52: Schifflände mit Hotel «de la Tête d'Or», Staatsarchiv Basel-Stadt, AL 45, 1-11-1

Autorin

Die Baslerin Helen Liebendörfer ist bekannt als Stadtführerin und Dozentin an der Volkshochschule Basel. Es ist ihr ein besonderes Anliegen, möglichst vielen Gästen die Besonderheiten der Stadt näherzubringen. Für ihr Engagement hat sie im Jahr 2008 den Ehrendoktor der Universität Basel erhalten.

Helen Liebendörfer im Friedrich Reinhardt Verlag

Spaziergänge in Basel für Touristen und Einheimische

Am besten entdeckt man die Schönheiten einer Stadt zu Fuss. So auch das geschichtsträchtige Basel. Die beschriebenen Spaziergänge sind für Touristen, welche die Stadt zum ersten Mal besuchen, genauso interessant wie für Personen, die schon lange in der Stadt leben.

84 Seiten, 2000
4. Auflage 2006
mit neun farbigen Abb. und Stadtplan
kartoniert
CHF 19.80, EUR 13.50
ISBN 978-3-7245-1145-8

Spaziergänge zu Malern, Dichtern und Musikern in Basel

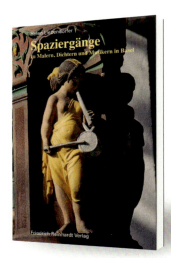

In Basel findet man nur an wenigen Häusern Gedenktafeln, die an berühmte Bewohner erinnern, denn Zurückhaltung ist gut baslerische Sitte und Tradition. Dieses handliche Buch führt auf verschiedenen Spaziergängen zu berühmten Malern, Dichtern und Musikern, die in Basel aufgewachsen sind oder in der Stadt zu Besuch weilten. Ihr Aufenthalt in Basel wird detailliert geschildert und dem Betrachter auch mit Zitaten und kleinen Geschichten näher gebracht.

123 Seiten, 2000
2. Auflage 2004
mit 12 farbigen Abb. und Stadtplan
kartoniert
CHF 19.80, EUR 13.50
ISBN 978-3-7245-1110-6

Spaziergänge zu Frauen und Kindern in Basel

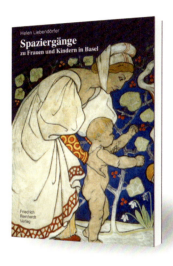

Im vorliegenden Band führt die Autorin zu Wohnorten, Bildern und Statuen bedeutender Frauen und Kinder, die später ihre Vaterstadt über die Grenzen hinaus bekannt gemacht haben. Auf den verschiedenen Rundgängen ergibt sich die Möglichkeit, Basel auf eine besondere Art zu entdecken und die Rolle der Frauen und Kinder im Laufe der Jahrhunderte zu verfolgen.

130 Seiten, 2003
mit 17 farbigen und fünf s/w Abb. sowie Stadtplan
kartoniert
CHF 19.80, EUR 13.50
ISBN 978-3-7245-1255-4

Basel, die verzauberte Stadt
Ein spielerischer Spaziergang für Kinder

Helvetia bei der Mittleren Brücke ist traurig, weil Basel verzaubert worden ist und sie nicht weiterreisen kann. Die Geschwister Michi und Anna machen sich auf die Suche nach demjenigen Tier, das die Stadt vom Zauber erlösen kann.

Eine Geschichte, die zu Hause, im Kindergarten oder in der Schule erzählt werden kann. Auf einem Spaziergang durch die Stadt können die Kinder zudem aktiv ins Geschehen miteingebunden werden. Für Kinder zwischen fünf und zehn Jahren.

48 Seiten, 2006
mit 21 Farbfotos und Stadtplan
Hardcover
CHF 19.80, EUR 13.50
ISBN 978-3-7245-1380-3

Spaziergang in Basel mit Johann Peter Hebel

Mit viel Gespür für Details führt Helen Liebendörfer den Leser auf die Spuren des grossen Dichters: vom Totentanz zur Petersgasse, vorbei an der Mittleren Brücke und hoch zum Münsterplatz.

Bei diesem Spaziergang werden nicht nur die Orte des Wirkens von Hebel aufgesucht, sondern er kommt auch selbst zu Wort. So sind im Buch einige Ausschnitte aus seinen «Alemannischen Gedichten» eingewoben, Verse, welche wohl viele Leserinnen und Leser ein Leben lang begleitet haben. Auch eine Auswahl der reizenden Geschichten aus dem «Schatzkästlein» ist zu finden. Ob man zu Fuss die verschiedenen Stätten aus der Biografie Hebels entdeckt oder zu Hause anhand des Textes und der Fotografien den Rundgang nachvollzieht, man wird auf vergnügliche und unterhaltsame Art ein Bild vom Leben und Werk Hebels erhalten, wobei die Basler Jahre im Vordergrund stehen.

65 Seiten, 2010
kartoniert
CHF 19.80, EUR 13.50
ISBN 978-3-7245-1660-6

Die Bücher sind im Buchhandel oder unter www.reinhardt.ch erhältlich.